想做总统的女人

卡莉·菲奥莉娜

刘松 著

中国华侨出版社

序言

在男性文化主导的社会里，无论是商界还是政坛，女性角色的加入都会引起人们更多的关注和揣测。

在过去的很多年里，在美国人的心中，卡莉·菲奥莉娜已经成为一种符号和标记。她是第一位掌管道琼斯工业指数公司的女性，是年销售收入147亿美元公司的CEO。而在2015年5月4日，这位已经60岁的前惠普公司CEO在接受雅虎全球新闻主播凯蒂·库里克的采访时正式宣布，她将以共和党第一名女性候选人的身份，参加2016年美国总统的竞选。

从商界到政坛，从小公司到大平台，这个女人一直相信自己可以取得与男性平等机会的成功。她曾淡然说："我首先是管理者，然后才是女人。"

传媒时代，人们对于公众人物的认知，常常带有某种偏见。有时是过度神化，有时是过度矮化。卡莉曾经带动了惠普的转型，让这个企业带着明确的战略目标扶摇上升，并且并购了另一PC巨头康柏。同时，她也因为与董事会之间的矛盾，最后在分歧中遭到解聘。

在人们的谈论中，她时而是叱咤风云的商界女魔头，时而又是固执冷血的商界loser。而事实上，如果有人愿意静静了解她有血有肉的完整人生，就会懂得所有的一切皆是际遇，拂去生活的幻影，显露出的才是真实。

究竟需要多少勇气，才能不断挑战与飞越，向着心中坚定的理想迈进；究竟需要多少坚定，才能跨越艰难和非议，趟过岁月的河流；究竟需要啃噬多少孤独，才能抵挡挑剔和刻薄，熬过蜂拥而来的是非。这个敢作敢为的女人，已经将她的人生打造得与众不同，在重压之下，她从未妥协，并且愿意用永不停歇的心灵马达，继续疯狂下去。

若干年前，一位前任惠普高层表示，"菲奥莉娜擅长市场营销，她是公司内一位优秀的演讲者。但这是一个公司，并不需要一位政治家，它所需要的是一位擅长经营的人。"话语中充满了不屑，却也流露出了对卡莉政治天赋的肯定。而时至今日，卡莉放言："我认为我是该职位的最佳人选，因为我明白经济到底是怎么运行的，我了解这个世界，也了解置身其中的人，明白作出行政决策的高风险和困难。"无论如何，此时的经济与政治，成了她同时拿起的两种武器。

与希拉里相比，她的经验尚浅，不过她丝毫不担忧。她骄傲地说："我犯过错，但是我也让世界发生了改变。"有人说，美国是出现一位女总统的时候了。结局尚且未知，但她的加入，无疑让2016的竞选之路，更加扑朔迷离，也更加令人期待。

目 录 Contents

第一章 成长记忆

时光里回荡的歌声

003　童年：最暖是母亲的双手

012　异乡：理想才是生活的燃点

016　未知：关注每一份工作的潜在价值

第二章 崭新世界

走出象牙塔

025　超越：销售是个不错的起点

032　挫折：现实给了当头一棒

044　真爱：与灵魂伴侣相遇

第三章 勇敢穿越

职场不是偶像剧

053　挑战：打破"花瓶"的勇气

065　成见：跨越职权去自由表达

080　领悟：成熟就是学会收起眼泪

第四章   像男人一样去管理
领导风格

093   决心：能赢是因为选择了赢

102   节奏：如果将人生看作旅程

107   对峙：沟通是一座巴别塔

第五章   变化催生成功
走出荆棘

117   竞争：最可怕的是看不见的敌人

123   变革：无限的机遇和可能性

130   重建："卡莉按钮"和"不准反悔"

第六章   机会掀起神秘面纱
重大抉择

137   付出：老公司站上新起跑线

147   孤独：母亲为什么不说话就走了

154   机会：惠普的选聘

第七章   市场不能容忍平庸
惠普之道

       167   误解："你穿的是阿玛尼吗？"

       176   备战：宛如高空走钢丝

       185   改革：齐心协力向着光明大道迈进

第八章   把科技及慈善带到人的身边
理想栖息

       197   先锋：变革不是一蹴而就的

       204   责任：站在同一个甲板上

       213   细节：站在客户立场去思考

第九章   看不见的企业文化
核心价值

       225   裁员："杀人女魔头"卡莉

       235   斗争：暴风骤雨中的一盏明灯

       244   整合：大踏步，向前走

第十章
权力交锋

从商界到政坛

251　口号：一切皆有可能

256　分歧：生活并不总是公平的

265　出击：希拉里遭遇最强对手

后记　277

第一章

成长记忆
时光里回荡的歌声

童年：最暖是母亲的双手

1954年9月，卡莉·菲奥莉娜出生在美国的一个小镇上。对于每一个孩子而言，世界上最温暖的名字是母亲，小小的卡莉一生引以为傲的，就是拥有一位乐观、向上、面对挫折不屈不挠的母亲。

卡莉·菲奥莉娜的母亲名叫玛德隆·蒙特罗斯·于尔根斯，她出生在俄亥俄州的小镇罗斯佛德。在玛德隆10岁的时候，卡莉的外祖母就因患胃癌去世了。

那段时间里，整个家中只剩下独守空房的外祖父和失去家庭关爱的玛德隆。失去了母亲的孩子，似乎整个世界都是坍塌的，不过，显然外祖父年对外祖母的爱并没有持续多长时间，不甘寂寞的他在外祖母去世没多久后很快再婚。

卡莉从没有在母亲口中听到过继外祖母的名字，她不敢问，仿佛每多说一句话都是对母亲极大的伤害。直到长大后，玛德隆曾有几次主动提起过，卡莉才了解到，小时候的母亲很孤独，也很忧郁。一个过早离开了母亲怀抱的孩子，天空都是灰色的。像是失去了最坚固的支柱，小小的孩子，从儿时起便努力学着自力更生。

玛德隆曾语重心长地告诉卡莉，外祖母的离世曾在她心中留下永久抹不去的伤痕。每当夜深人静的时候，但凡她想到母亲这个词语，眼前就会浮现外祖母被病痛折磨时的痛苦表情，还有那双深情望着她的眼睛。

也许这些事情在幼小的玛德隆心中产生了巨大的创伤,所以她才不愿意让女儿了解太多往事。玛德隆希望,那些悲惨的往事,终究能在时光的流逝中归于平淡,之后消失。

对于幼小的孩子来说,继母总不是一种美好的存在,所以在很多年里,对于继外祖母的任何信息,母亲几乎绝口不提。不过,母亲经常很开心地给卡莉讲外祖母的故事。母亲玛德隆告诉卡莉,外祖母年轻的时候很漂亮,也很勤劳,家中大小琐事她都能做得特别完美。外祖母在闲暇的时候曾提到过法国,她说很向往法国,总希望自己的女儿有朝一日可以定居那里,过上富裕安乐的生活。

自外祖母去世后,母亲玛德隆变得越来越独立,而她心中唯一的愿望就是上大学,她渴望有一片属于自己的天地。她在上高中时品学兼优,又是学校的毕业生代表。每次开家长会的时候,卡莉的外祖父总能听到很多的溢美之词。

后来,班主任曾告诉卡莉的外祖父,说玛德隆是全年级中最应该去大学深造的学生,甚至班主任都做好给她申请奖学金的打算。但是,在家中掌权的依然是卡莉的继外祖母。她和外祖父商议,说玛德隆去上大学就是浪费钱,一个女孩根本不会有多大的出息。于是老两口在家中不断规劝玛德隆,希望她留在小镇上,找一个好的人家嫁了。就这样一辈子庸碌无为,也是一件很幸福的事情。

要强的玛德隆没有留下来,梦想的种子早已在心里开花。倔强的她在一天夜里,坐上了离开小镇的长途汽车。那年,玛德隆刚刚18岁,还是一个没有步入社会,不曾经受历练的年轻人。在外地辗转了很久,历经了各种磨难,她终于找到了人生的方向。不久后,玛德隆成功加入"二战"期间的美国陆军妇女军团(Women's Army Corps)。

经过不懈的努力，玛德隆被顺利分配到位于得克萨斯州的谢菲尔德空军基地。她从未忘记奋斗，每天都遨游于书海中，孜孜不倦地汲取知识。很快，踏实肯学的玛德隆赢得了上司的认可。不久后，她成功登上基地指挥官秘书的宝座。也是在那时，玛德隆遇到了卡莉的父亲——约瑟夫·泰里。

在玛德隆看来，尽管约瑟夫从小就体弱多病。但他一直有奋斗不止的劲头，能够与疾病顽强抗争十余年。况且，他很小的时候就失去了父亲，在这一点上又和她失去母亲的遭遇很相似，于是在彼此的心里萌生出一份惺惺相惜的情愫。在共同的追求和相似遭遇的促使下，两人不久就坠入爱河，最后喜结连理。

结婚后，玛德隆和约瑟夫十分恩爱。后来，玛德隆成了一名艺术家，约瑟夫经过自己的努力，成了法学教授。他们于婚后第8年（1952年）生下卡莉的姐姐克拉拉·霍尔。两年后（1954年），卡莉顺利出生，她的弟弟约瑟夫·泰里四世也在不久后降临尘世。

在卡莉的记忆里，她从小就开始不断接受艺术和知识的熏陶。在父亲的教导下，4岁的卡莉第一次接触法语。到了7岁的时候，母亲又带着她去歌剧院听歌剧。每当父母周末休假的时候，卡莉还经常跟着他们去博物馆参观各种稀奇古怪的东西。玛德隆认为，这些都可以丰富一个孩子的世界，他们希望卡莉成为一个兴趣广泛的孩子。

他们一直希望自己的孩子能坚强、自立，又希望卡莉在年少时多学知识，长大后不论从事什么工作，都可以在这一领域出人头地。所以，尽管小时候的卡莉体会不到父母的良苦用心，有时会觉得辛苦，但懂事的她仍旧会欣然接受父母的规划。因此，传统教育、历史、拉丁文、文学，成了卡莉幼年时接触最多的东西。

卡莉的童年虽然有太多的功课要做，但这并不是她最焦虑的事情。在卡莉心中，她始终忘不掉父母年幼时痛失亲人的经历，她很害怕有朝一日，和蔼可亲的父母也会罹难遭逢不测。到时，她就成了这个世上最孤独也最无助的人了。

所以，卡莉很小就体会到了生命的珍贵。她知道父亲有顽疾，又联想到外祖母和祖父中年丧生的不幸。因此，卡莉一直以来都被噩梦纠缠着。尤其到了晚上，她无法安心地入睡。因为她害怕父母出事，害怕到夜夜合不上疲惫的眼睛。

也许卡莉太爱自己的父母了，所以每当深夜从梦中惊醒时，她常常爬起来，小心翼翼地走到父母的卧室中。当透过昏暗的窗户，看到父母安然无恙时，她才安心地躺回床上熟睡。

在她十几岁的时候，卡莉跟着好朋友参加睡衣晚会。那是第一次离开家，住在别的地方。她晚上竟害怕得闭不上眼睛，脑海里浮现的全是父母的谆谆教导还有浅浅的笑容。后来，她强迫自己不去想那些可怕的事情，甚至强迫自己唱歌，一遍又一遍地念诵祷文。

如果赶上父母出差，小卡莉必然会生一场病。她希望父母能看在自己生病的份上，不要离开她，并因此产生小小的愧疚，取消不必要的行程。

在姐姐和弟弟面前，卡莉始终不觉得自己哪方面优秀。她总是默默无闻，在家中充当和事佬的角色。尤其当弟弟正处于青春期时，常和母亲发生矛盾和冲突。那时，卡莉经常两头跑，希望矛盾能缓解，家庭可以和和睦睦下去。

后来，在一个星期日，卡莉在教堂得到了一个杯托，上面清楚地写着一句话："你的天分是上帝给你的恩赐，你的成就是你对上帝的回报。"

卡莉拿到杯托的时候很欣慰,她觉得自己献给上帝的最好回报就是让父母开心。她甚至坚定了信念,将其奉为一生一世的座右铭。

在生活中,卡莉的父母对任何事情都相当追求完美。父亲是一位才华横溢的教师,平时对自己要求很严格,甚至有些苛刻。很多时候,他付出心血学习知识,弥补不足,因为他肩负着家庭的重任,要依靠自身的学识谋生赚钱。

而对于母亲,卡莉感受最多的就是无私。其实,母亲是一位了不起的艺术家。她热爱画画,家中到处贴满了母亲傲人的杰作。但为了照顾家中的孩子们,一向沉迷于画作的母亲还是义无反顾地放下了手中的笔。她没有办法沉下心来作画,而是把绝大多数的时间都用在了照顾孩子这件事上。

在玛德隆的心中,她始终希望每一位孩子都可以学会一样乐器。就这样,卡莉在母亲的引导下,接触了人生中的第一件乐器——钢琴。最开始的时候,卡莉对钢琴并不喜欢。她只是为了让母亲开心,只是想做一个听话的好孩子。

随着时间的推移,卡莉的钢琴弹得越来越好。她不仅可以弹好多首曲子,而且曾经厌学的心态也在时间地冲刷下逐渐变淡。有些时候,卡莉能单独一个人弹好几个小时的钢琴。就这样,她对音乐的热爱逐渐显现出来,这也让一心希望孩子们在艺术上有所成就的玛德隆感到十分的欣慰。

除了平时学习钢琴以外,卡莉最开心的事情就是母亲帮自己洗头。卡莉的年纪小,一个人无法把头发打理漂亮。这个时候,母亲常常笑着带她去洗漱间,将卡莉的长发按在水盆里,轻轻涂上洗发液,小心翼翼地揉搓。

洗完后，母亲帮她擦干头发，推着卡莉走到自己的梳妆台前，一边说着温馨亲密的话，一边帮她扎着小辫子。她们有时会聊很久，来了兴致时，卡莉甚至不想去睡觉。此时，玛德隆往往笑眯眯地送卡莉到卧室，待她躺下后，用手轻轻抚摸她的额头。

如果卡莉还不想睡时，玛德隆会搂着她唱歌。多年后，卡莉曾回忆说："母亲的歌声至今仍在我的耳边回荡，我的额头还有她双手残余的温度。"

卡莉上高三那年，转学到了北卡罗来纳州达勒姆市的查尔斯·E·乔丹中学。她清楚地记得，那是第五次搬家，而来到北卡罗来纳州，就好像到了另外一个世界。

在这所学校里，她每天都能看到学生之间的帮派争斗。有的时候，他们会因为极小的事情而大打出手，却从未考虑每一件事情的发生到底会引来怎样的后果。那段时间里，卡莉为了能安心学习，常常想尽办法地加入某个帮派之中。然而，她却始终无法适应这种"非法的学生组织"，最终她沦落为异类，她在学校中朋友很少，她也是最孤独的人。

渐渐地，她开始想念远在加利福尼亚州的同学们，开始想念和朋友们一块玩耍的时光。卡莉心中常常在想，当一个人习惯了某个地方，如果非要变迁的话，是不是会产生很强烈的失落呢？

对于卡莉来说，这个问题的答案显然是肯定的。不过，父母永远也无法理解卡莉的所思所想。他们一致认为，卡莉的学习成绩要比任何事情都重要。因此，每当卡莉想去痛痛快快地玩耍时，总能听到父母关切的话语：无论怎样，钢琴和学校功课都不准出现滑坡状况。

正是在这样的氛围熏染下，小时候的卡莉从不敢懈怠。她恨不得每一科都能拿到最高的分数，恨不得让班里所有人的成绩都在她之下。

有一年，卡莉拿着成绩报告单信心满满地回到家中。本以为依靠7个优、1个良的傲人成绩，会得到父母温暖的称赞。但实际上她换来的却是父母异口同声地回答："根据你的能力，大可以全部都拿到优的。"因此，等到下一年，卡莉在不断地努力下，终于拿到全优。

卡莉不断搬家其实还有一个至关重要的原因，就是父亲在学术研究上不断取得突破。约瑟夫曾在多个名牌大学执教，比如克萨斯大学、康奈尔大学、耶鲁大学、斯坦福大学和杜克大学。如果平时碰到休假年，他还要去伦敦财经学院和西非的加纳大学进修。也许是父亲的努力和执着获得了上天的欣赏，所以后来，父亲如愿以偿地当上了美国联邦上诉法院第九巡回审判庭的法官。

在家庭环境的影响下，卡莉的求学之路也出现了很大的变化。她的小学在纽约州、康涅狄格州、加利福尼亚州上过，又在加利福尼亚州和英国上了初中。到了高中时，举家搬迁到北卡罗来纳州。

就这样，卡莉成了班上名副其实的插班生。在英国求学时，卡莉曾转到一所伦敦的女校中学习。至今，她依然很怀念那段生活。她说，那时大家都穿着学校统一配发的校服，在一片欢声笑语中演绎浪漫的女生版《罗密欧与朱丽叶》。卡莉长相俊美，又善于沟通，所以大家推选她演绎朱丽叶。

初来乍到，卡莉的英语口音始终拗不过来。在一次次的排演和练习中，才渐渐培养出差不多的语感。她说那段时光像梦一样，曾经发生在校园中的故事，曾经回想起来的琐事，就像一幕幕浪漫唯美的电影。而她自己，正是电影独一无二的主角。

卡莉在高中求学期间，结交了很多朋友，也培养出了开朗活泼的性格。她不再是家中温柔娇小的女孩，转而变成了"坏坏"的少女。她的坏有点傻里傻气，甚至透着懵懂的可爱。比如学校不让学生穿着暴露，她就偶尔调皮地撩起裙子，露出白皙的长腿。她也偶尔跟着班里的同学，将教室后面通往地下道的椅子挪走。在外人看来，教室里似乎没有人。而实际上，她们正躲在黑暗的角落里暗自偷笑。

卡莉在非洲读高中时，曾是班里唯一的一个白种人。而每次放学回家，她总能在路上碰到讨钱的小孩子。有的时候，她心中会燃起同情的火焰，将手中仅有的少许零花钱给他们一些。也有的时候本身没有多少钱，就将手中的小物品赠予他们一点。

不过，令卡莉最记忆犹新的依然是院子里飘荡的当地信徒的祷告声。她几乎每天都能听到，而且最初听到时还带着小小的畏惧。伴随着时间的推移，卡莉不再惧怕，每天清晨都能从祷告声中醒来。她甚至觉得，祷告声成了上课的闹铃，不仅可以唤她起床，也可以让她的心灵得到净化。

在北卡罗来纳州上高三时，卡莉开始接触橄榄球。其实，让她感到震撼的并非是橄榄球运动的刺激，反而是一群目不识丁的明星球员对知识的渴望。那时，卡莉正给橄榄球球员恶补阅读课。

如果不是这次的机会，她也许至今无法感受到知识对人的重要性。

那些橄榄球球员知识相当薄弱，他们曾很努力地投入到学习当中，也练习了不少提高阅读的方法。然而，无论怎样努力，他们始终摆脱不掉失败的影子。在接二连三的打击下，他们还是选择了自甘堕落，放言自今而后不再学习了。然而卡莉从不知道放弃意味着什么，每当看到有人离开时，她往往不厌其烦地游说，孜孜不倦地教授。没过多久,那些丧失信心的队员在卡莉的帮助下最终取得了很大的进步。

她也做过义工,去帮助智障的孩子认字。卡莉曾说,在众多的学生中,她记得最清楚的就是一个叫肯尼思的小孩。那时肯尼思不过 5 岁,还是一个什么事情都不懂的小孩。为了帮助他识字,为了让肯尼思有一个更好的未来。卡莉花费了一个半月的时间教他学习,从此不再参与无用的娱乐活动。

她也不知基于什么力量的支撑,每当想起肯尼思悲惨的遭遇,她心中就会激起千万朵同情的浪花。尽管卡莉未还是一个少女,但基于女性自然而然地呵护弱小者地天性,她还是全身心地投入到肯尼思的生活中。她不厌其烦地教授肯尼思读两个词,一个是"眼睛",一个是"耳朵"。她坚信,只要功夫深,铁杵也能磨成针。

后来,当肯尼思微笑着说出这两个词时,卡莉不敢相信地用双手捂住嘴巴。她太激动了,欣喜之余眼眶竟溢出了泪花。

在教会肯尼思以后,卡莉不再做义工,也渐渐离开了他的世界。然而,每当卡莉来到那所学校,每当看到肯尼思微笑的模样,她总能在老远就听到一个并不标准的发音:"眼睛。"

很多年之后,卡莉回家时顺路去看肯尼思。没想到过去了很久,肯尼思仍没有学会说自己的名字。不过,他始终可以很清晰地说出两个单词:"眼睛!耳朵!"在卡莉成长的记忆里,这段回忆成了她最美好最温馨的梦。也是肯尼思的出现,让她渐渐意识到人活于世将会有多么大的意义。她回忆说:"那是我第一次因为帮助别人完成梦想而感到骄傲,不,更确切地说,是极度的兴奋!"

异乡：理想才是生活的燃点

校园生涯的最后一站，卡莉选择了斯坦福大学。她知道加州与北卡州距离十分遥远，做出这样的选择，也正是因为内心希望能够离家远一点。

对于卡莉来说，学习从来都不是一件困难的事情，她选修了化学、物理、生物、经济、人类学、音乐等等课程，并兴致盎然地沉溺其中。这是一段为大脑迅速充电的时光，她没有浪费一分一秒。

离开父母的日子，初时有一些小小的兴奋，久了，卡莉也深深体会到了孤独。大一时，老师让卡莉选读了一本法国作家的作品《异乡人》，这本书后来在很长一段时间内成了她的精神食粮，单单是这个标题，就在她的心里激起了千层涟漪，并引起万般共鸣。

这是一本颇有难度的存在主义作品，阅读英文版都是一桩难事，何况还要啃下法文原著。不过，当她的心被内容牢牢牵引的时候，任何困难都显得不足道了。默尔索（书中人物）的一生给了卡莉一些启示，要追求变化，而非一成不变，如果说，每个人都不能选择自己的出身和境遇，那么起码可以选择方向和目标，否则随波逐流，也就意味着生命意义的枯萎。

给卡莉提供精神力量的，除了加缪的这本书，还有她在大学期间选修的哲学课。从古希腊的柏拉图，到当代哲学的海德格尔，思维的乐趣和逻辑的美妙，是卡莉所着迷的。哲学是一种神奇的视觉，可以让这个世界在不同人的眼中,呈现出截然不同的面貌,并且以它强大的影响力,改变一代人。

她曾经一度崇拜于黑格尔的"正——反——合"理念,在后来的很多采访中,她都提到过这一点。在她看来,辩证法是永远的经典,而且实用。后来,她将其运用到了商业运作当中,激起了不一样的火花,也正是在这种观念的引导下,她将具有百年历史的老公司推向新的起跑线,一边为历史立碑,一边打破重建。两者看似矛盾,实则为大势所趋。为了能够顺利阅读很多哲学著作,卡莉还学习了多种语言。比如希腊文让她可以阅读柏拉图和亚里士多德的原版作品。

受父亲的影响,卡莉也喜欢阅读历史,倒不是沉迷于历史故事本身,而是喜欢在其中感受"人的奥秘"。历史上有很多改变世界的伟人,她却觉得,普通人的力量,也同样可以借由某种思想的传播,撼动一个时代。

还有许许多多的学习过程,都在最宝贵的时光里,变成一种积淀,影响了卡莉后来的人生。比如通过学习伦理学,让卡莉更加重视是非与道德。很多年后,她在惠普的工作岗位上,与所有人进行辩论,主张不要把客户资料的所有权出售。很多人认为,她这样其实是放弃了非常难得的商业机会,可卡莉认为,既然客户是这些资料的所有者,那么理应得到保护。通过学习逻辑学,使得卡莉有了更严谨的思维和更周密的判断与计划。拥有不败的逻辑,让她在各种不同的新行业、新岗位上迅速适应,并越走越远。她常常鼓励自己的员工——"千万不要小瞧逻辑的力量"。

就这样,卡莉度过了充实而又紧张的大学时光。因为学校人才济济,所以她的压力很大,不认输的精神让她暗自努力,绝对不要落后。

生活方面，卡莉每周需要做三天兼职，用来支付房租和餐费，有时因为过于劳累和紧张，身体变得虚弱起来。曾经，她得了严重的单核细胞增多症，并与疾病抗争了一年。一直处于忙碌状态的卡莉，压力越来越大，好在最后她的论文得了"优"，论文内容是关于中世纪的司法体系和酷刑审问制度。

临近毕业的一段时间，卡莉陷入了深深的困惑，她不知道自己未来应该做些什么。她对很多东西都感兴趣，并愿意付出时间和努力，去获得一个好成绩。可是，人生的方向又该如何把握呢？

她时而觉得自己要去做舞蹈家，又时而觉得自己应该做消防员，想了千万种可能，却迟迟没有做一个坚定的选择。

当个音乐家，听起来真不错，也算是继承了母亲的衣钵。可是热爱音乐的她却忍受不了艺术家所必须承受的孤独。思前想后，那么索性去读法学吧，这样算是合了父亲的心意。草草做下决定，心中却没有一丝欣喜，有的只是一份"这样做会让父母亲满意"的心理迎合。

毕业的那天，卡莉显得恐惧又焦虑。她为自己的选择而苦恼，也为离开这样一个港湾而感到无助。人生的挑战才刚刚开始，卡莉揣着不安的心踏上征程。后来，历尽千帆的她回顾青春，不由得莞尔，她说："如果能够有机会和那个担惊受怕的小姑娘对话，我会对她说：'嗨，放轻松点！'"

当来到加州大学洛杉矶分校的法学院求学时，卡莉并没有获得想象中的美好境遇。也不知为什么，第一天上课她就感受到莫名的头疼，她甚至觉得法律的束缚力在禁锢着她学习的激情。

虽然卡莉很敬佩父亲，对法律也敬佩有加。但心中的慌乱还是让她找不到北，一直沉寂在冗长的迷途中。

后来，父亲来学校看她。卡莉再也忍受不住内心的挣扎，告诉父亲说："我讨厌学法律。"父亲听完她的话，很担忧地告诉她，既然选择了，就应该坚持下来。不然的话，所有的一切都是枉费。

卡莉想与父亲辩驳，想说出心中小小的期许。但看到父亲坚毅的眼神，她还是咬着唇角，把话咽了下去。一个月的学习过程是漫长的，因为不喜欢，卡莉几乎每天都忍受着无穷无尽的折磨。

一个星期后，卡莉回到家中。她没有和父亲再次说起厌恶法学的事情，却一个人关在洗浴间，久久瞪着天花板发呆。那时，她好像突然茅塞顿开一般。开始思索未来的路，开始考虑今后的发展。她告诉自己，不要再做取悦父母的"好孩子"，应该开始寻觅自己的理想蓝图，开始往人生的巅峰迈进。

那年的卡莉才22岁，正是风华正茂的年纪。所以，当做了这个决定时，年轻的卡莉露出了久违的笑容。她虽然不知道茫茫前路将会怎样艰辛，但她心中清楚，自己选择的路，无论以怎样的方式走下去，终将变成最美好的回忆。

未知：关注每一份工作的潜在价值

当卡莉和父母说起自己的决定时，两人竟都摇起了头，他们对女儿的想法表示深度的不理解。认为如今她的生活已经渐渐步入正轨，学的又是法律，如果卡莉能坚持下去的话，即便以后毕业没有门路，以约瑟夫在法律界的威望，还是可以给她打造一条光明大道的。

不过，卡莉一旦做出了决定就不会轻易更改，况且她一直认为自己的选择是正确的。母亲劝解了几次后，终究没能说服她，不禁很感伤地想，卡莉是不是疯掉了，她这样下去很让人担心。卡莉的父亲更是受到了巨大冲击，他对卡莉严厉呵斥，埋怨她不好好把握机会，就这样看着大好的机遇从眼皮子底下溜走，他真不知道卡莉以后能做什么。

其实，对于从法学院退学的卡莉来说，她心里也没有底。虽然她不喜欢法律，也不想找有关法律的工作，但突然退了学，走在喧嚣的城市里，卡莉又开始犯难了。

1976年，她带着历史和哲学的大学毕业证书，开始了崭新的征程。用卡莉的话说，她从未想过自己会踏入商界。甚至在她退学之前，也从未和商界的任何人打过交道。卡莉的父亲是做法律的，认识的都是一本正经的学人；卡莉的母亲是搞艺术的，因为浓厚的艺术气息，也让她处处沉浸在钢琴和歌声的世界里。

卡莉在辍学之前，曾经做过临时小工。她的第一份工作是在一家发廊，叫"DJ发型设计"。那时她在斯坦福大学读书，因为负担不起学校的食宿费用，所以来发廊挣点外快。刚开始步入社会的卡莉并没有接触到商业的任何知识，她只是让顾客接受预定，或者安排顾客来店里进行服务。

工作了一段时间之后，卡莉渐渐了解到了很多人情世故。她眼中的顾客是多种多样的，扮演着社会上不同身份的角色。有的顾客感觉自己的社会地位高，就对其他的顾客表现出傲慢的姿态。也有的顾客社会地位低下，每次剪发都小心翼翼，生怕被别人看不起。

那时，卡莉心中突然产生出很多疑问。她对这个变化多端的社会有了全新的认识，也对自己小范围的为人处世技巧有了全方位的认知。卡莉经常将自己的视线化为两块，一块是丑陋的，一块是美好的。她在工作中时常充当顾客与发型师之间的联络员，也从中学到不少待人接物的公共礼节。

在大学放暑假的时候，卡莉曾做过文秘的工作。她做兼职的范围很广，也从不放过任何一个学习的机会。上初中的时候，母亲总是让她多上打字课程，说以后工作了能派上大用场。令卡莉没想到的是，三四年后，她在一家叫"凯丽女孩"的公司上班，所需的工作经验竟是打字。她每天疲于奔命，从材料库和电话室之间来回穿梭。一天一天，也不知道是怎样度过的。

从法学院退学后，一向对未来充满信心的卡莉突然没了目标。她至今仍是一个学生，身上没有一分钱。即便去创业，也不曾认识任何一个商业领域的人物。卡莉曾说，她第一次见到女企业家是在电视上。不过当时父母对看电视要求很严格，到了卡莉11岁时家中才买了第一台电视机。尽管如此，卡莉仍然喜欢乐此不疲地看自己喜欢的节目。

卡莉十分崇拜《碟中谍》里的女间谍西纳蒙，她认为如果世上的所有女人都能像西纳蒙一样，也不用对自己的能力产生任何怀疑了。如今她走出了校园，即将开始一段新的征程。卡莉突然发现，这条通往人生的路并不好走。很多困难和挫折在前面等着她，她必须时刻保持高昂的斗志，一步一个脚印地走下去。

当从理想回到退学的现实中时，卡莉对未来没了计划。她曾想找一份使自己满意，也让父母高兴的工作的愿望，而今却成了一件特别困难的事情。

卡莉对每一份工作都投入极大的热忱。她一直认为，任何一项工作都是有价值的，但凡能将身边的工作做好，即便再不起眼的工作也有绽放辉煌的那天。所以，卡莉每天都走在去不同招聘地点的路上，也不知道看了多少有关招聘的报纸。就这样，在经历无数次的失败后，她遇到了第一份真正意义的工作。

卡莉要做的工作依旧是文秘，这和她平时在暑假担任的兼职没什么太大的不同。要说唯一一点的差别，也许就是她退学了，如今再也不是学生了。因此，无形的压力还是让卡莉有点吃不消，她除了担心工作不好以外，也会想到父母担忧的目光。

卡莉所在的公司是一家房地产经纪公司，这家公司有两个老板，分别叫马库斯和密里查普。所以，公司沿用了两个人的名字，取名马库斯-密里查普公司。卡莉刚开始面试的时候，考核她的是一个女性。随着工作的慢慢深入，她渐渐认识了不少公司的员工。其中一位，就是马库斯和密里查普的秘书。相比较以往的文秘工作，卡莉有了越来越多的体会，她最大的感触就是劳累。

步入社会后，她不再做兼职，因为要有更高的追求，不能只是为了挣极少的工资以维系生活。现在，她要做得十分漂亮，也要让老板和同事对她极度欣赏。正是在这样的心态之下，年纪轻轻的卡莉像上了弦似的，每天早出晚归，有时候加班到深夜。她一天的工作全部辗转在接电话、传递文件、转接电话和打印资料上面。

随着时间的推移，卡莉渐渐熟悉了她的工作，也对同事之间，老板与员工之间的关系有了深入的了解。这个时候，卡莉第一次切身感受到团队精神。从此，她不再孤军奋战，做事情的效率也有了很大的提高。

其实，卡莉的顿悟源自于一件很小的事情。有一次，马库斯-密里查普公司正准备与一个客户谈合作。在第一次接触中，客户觉得还能找其他公司试试，就暂缓了合作。没过多久，客户给卡莉打来电话，向她咨询了很多问题，也提出需要帮助的想法。那时，卡莉并没有拒绝，反而不厌其烦地给客户解说，并给了他们无私的帮助。

直到有一天，客户风尘仆仆来到公司，对马库斯-密里查普的老板说，他们之所以选择合作，正是因为卡莉友好的服务态度和无私的帮助。

那是卡莉第一次受到客户的表扬，也是第一次被团队的力量所震撼。从此以后，卡莉常常主动去帮助别人。不论是公司的员工，还是将要合作或者已经打算合作的客户。她把每一天都当作生命中最重要的时间来过，把每一份工作都作为人生中最难得的机遇来珍惜。

卡莉认为，她在马库斯-密里查普学习到了很多知识，而那些工作的经历，也促使她认识了不少商业界的人。这是卡莉步入成功的第一步，也是她走向未来最正确的一个选择。卡莉从公司的基层做起，跟着商界精英一起摸爬滚打，也喜欢与他们进行紧张的交流谈判。在庞杂的商业圈中，她学习到越来越多的工作技巧。

卡莉第一次发现，原来商业领域也有很多知识需要学习。比如，有的人喜欢用事实和数据说话，有的人则根据自己的直觉和判断下决定。不过，大多数的企业家往往两者兼顾，根据所需要的现实状况出合理的裁决。后来，卡莉说道："不要过于担心下一份工作，要时刻关注正在做的事情。这个世上每一份工作都有它潜在的价值，如果只关注工作的缺陷和毫无意义的弊端，也就不可能登上成功的巅峰。所以，在求职的路途中，要学会寻找那些能给你机会的人。"

在公司工作了一段时间后，卡莉渐渐得到了老板的认可。乔治·马库斯和比尔·密里查普一致认为，如果给予卡莉一定的培养和学习，在不久的将来，她必然能够取得很大的成就。所以，在不懈努力之下，年纪轻轻的卡莉很快便成为一名职业经纪人。

不过，小小的成功并没让卡莉就此止步。她经过一番激烈的思想斗争后，决定奋起直追，再次投入到求学深造的过程之中。这次她报的是工商管理学硕士，学习的正是管理。她在为以后的企业管理做最积极的准备，也在为遥不可及的未来铺垫基石。

1977年，年仅21岁的卡莉遇到了人生中第一个伴侣——托德。他们两个人的恋爱过程和其他普通大学生一样，在校园里初遇，感情随着相互了解而逐渐加深，最终步入婚姻的殿堂。

1977年6月，卡莉和托德结婚，婚后两人并没有留在美国，而是很快去了意大利。原因是，托德要去约翰·霍普金斯大学国际问题研究院的意大利博洛尼亚校区学习。在离开家的那段时间里，卡莉很想念父母，也很想念姐姐和弟弟。

对于这段婚姻，母亲玛德隆一直持反对的态度。她觉得卡莉太草率了，没有经过深思熟虑就决定和托德结婚。很多时候，母亲常常对卡莉说起心中的彷徨和不安。但年轻的卡莉并没有体会到母亲的担忧，她渐渐开始反感母亲的这种行为，甚至把母亲的关心理解为老年人的"唠叨"。

直到多年以后，当卡莉与托德离婚时，她才体会到母亲当年的不安。不过那时，似乎早就为时已晚了。卡莉将这种情况理解为年少气盛，对未来没有太大的规划。她觉得自己所做一切只是跟着心走，没能看清事情的本质。

在意大利生活的岁月中，卡莉学到不少有用的知识。虽然她和托德住在狭窄的公寓里，每天的生活过得并不富裕。但卡莉第一年的婚姻生活却充满了激情，她不仅学会了做意大利菜品，也开始喝意大利咖啡和红酒。

初来乍到，卡莉和托德需要更多的钱来维持生计。况且，托德在全日制学校求学，几乎每天都有满满的课程，根本没有时间去挣钱。所以，挣钱的重担压在了卡莉的肩上。由于她是美国人，又刚来到意大利，拿到打工许可证并非一件容易的事情，因此，她无法去好一点的单位求职，只能到当地人承办的学校做英语家教。

在卡莉看来，虽然做家教的目的是挣钱，但她却将其视为建立客户网络的有利机会。所以，只要平时有时间，卡莉一定会去附近多走动走动，以便发展自己的人脉关系，也在试图给自己的未来铺好道路。

教书的时光是枯燥的，而且距离卡莉的事业目标仿佛有点遥远。她不甘于只做个英语教师，她想在商业领域迈出铿锵有力的步伐。

经过一段时间的深入工作，卡莉认识了不少客户。她也从客户那里了解到，他们希望得到一些有关"美国商业情况"的讯息。

对于没有过多涉猎商业领域的卡莉来说，这样的问题无疑像一块千斤巨石压下来，不过，对商业的渴望，还是促使她更进一步努力地学习。在平时授课之余，卡莉买了不少有关美国的各大商业期刊报纸。

头脑灵活的卡莉选择了良好的学习方法，她将美国商业报纸上有用的信息罗列出来，随后编辑成讲课用的讲义。每当上课时，她便将美国商业报纸上摘录的文章以范文的形式教给学生们朗读。如此一来，她不仅达成了教英语的目的，也在潜移默化中培养了她对商业知识的敏感。

卡莉在一步步接触商业信息的过程中，逐渐对商业知识有了很大的兴趣。她从未浪费片刻的学习时间，每天都将功课安排得满满的。没过多久，卡莉下了一个决定。她要报考MBA（工商管理硕士），而且想利用在意大利的这段时间给自己好好充电。

第二章

**崭新世界
走出象牙塔**

超越：销售是个不错的起点

1978年，卡莉带着无限憧憬信心满满地来到美国军事基地参加GMAT考试。还没有走进考场，她就等来一个不幸的消息。原来，意大利的邮政系统出现失误，当天的考题竟被意外地弄丢了。

在极度崩溃之下，卡莉失落地回到家中。她决定四个月后，再去准备下一个考试。挨过四个月，当卡莉完成GMAT考试时，她没有就此停歇下来，而是又马不停蹄地提交了去马里兰大学的罗伯特·史密斯商学院求学的申请。

当时托德要去华盛顿特区完成第二年的学业，而罗伯特·史密斯商学院又是华盛顿周边唯一的一所高校。她原本想陪着托德，也顺便打工求学。可一段时间后，卡莉没有收到期盼已久的录取通知书，却再次遭受打击。

过了很久，她才从别人那里问出消息。原来，她的申请早就超过了罗伯特·史密斯商学院报名的截止日期。

如果在挫折面前即刻放弃，也便成就不了霸气的女总裁卡莉。那时，她没有心灰意冷，更没有放弃求学的打算。相反，卡莉用尽了各种办法，才找到了相关负责人的联系方式。

罗伯特·史密斯商学院的招生委员会负责人叫爱德·洛克，卡莉几经周转，才从朋友那里打听到他的电话号码。尽管如此，她依然不敢冒昧地拨通爱德的电话。经过一段时间的准备，卡莉才鼓起勇气，用很紧张的语调询问了爱德有关重新申请的问题。

当从爱德口中听到重新考虑时，卡莉的心中仿佛燃起了熊熊烈火。她感觉梦想近在咫尺，只要努力，就能得到应有的收获。因此，每隔一段时间，卡莉总会给爱德打一通电话。开头先嘘寒问暖一番，再切入正题，委婉地向他咨询入学的事情。每当爱德说到重点的信息时，卡莉总会找一个笔记本记下来，然后像模像样地进行预演，以便出色地完成入学的面试。

她不知自己为何变得那么痴迷，像个将要考入艺校的学生，每天重复着无穷无尽的表演。可一想到理想就在眼前，她所有的苦和累都瞬间化作了微笑。卡莉始终坚信，无论有多困难，她的努力都是值得的。

上天对卡莉还是很眷顾的，她如愿以偿地进入了商学院学习，而且在校期间表现良好，毕业时拿到了"全优"的成绩。

在上学期间，卡莉尽最大努力让自己摆脱象牙塔的控制。她不断参加各种活动，有时间就去图书馆多读书，不断给自己充电。正是由于卡莉在学校的活跃表现，才让商学院的院长鲁迪·拉蒙博士注意到了她。

那天下午，鲁迪博士让卡莉去他的办公室，并将一份极其重大的项目交到她的手中。令卡莉没想到的是，鲁迪博士叫她设计的竟是一个效率更高的校友联谊项目。对于初出茅庐的卡莉来说，这样的机会就像天上掉下馅饼一般。她无论如何也想不到，一个正处于事业巅峰的博士，竟会让一个从未上过战场的小兵着手参与。不过，卡莉也在心里暗暗告诉自己，好机会的来临，需要她以十二分的努力去抓紧。

从此以后，卡莉经常和鲁迪博士一块工作。她不怕吃苦，遇到问题第一时间向鲁迪反应。如果鲁迪博士不在或者繁忙，她就会整日泡在图书馆摸索研究。卡莉的努力换来了丰厚的回报，也得到了鲁迪博士深深的信赖。最终，在她参与的一个项目研究中，鲁迪博士决定在他的名字旁边署上"卡莉"二字。至今想起来，卡莉仍认为那是一场梦，是一场关于理想和现实切换的梦。

卡莉在罗伯特·史密斯商学院学习期间，除了鲁迪博士对她产生了很大的影响之外，比尔·尼科尔斯博士同样给她留下了很深的印象。卡莉平时不仅要上课学习，课余时间还肩负着家中的生计。比尔·尼科尔斯博士是营销学的教授，他得知卡莉的情况后，便决定雇佣她当助教。

那段时间里，卡莉获得了很多有用的信息，每当她看到课堂上幽默风趣的比尔·尼科尔斯博士时，就会在心底产生由衷的敬畏。她不仅崇拜比尔的博学杂识，也对这种教学方式格外喜欢。一直到后来，卡莉做了老师，她在给她的学生授课时依然沿用比尔博士的方法。令人没想到的是，幽默风趣的授课方法让更多的学生对该项课程充满了兴趣。卡莉也在一次次的摸索中逐渐找到了好的教学方法，这为她以后与员工之间的交流打下了扎实的基础。

此时，洛克博士鼓励卡莉好好学习，尽最大可能去攻读博士学位。然而，对现实世界抱有幻想的卡莉却没有考虑走这条路，她脑海隐隐约约藏匿着冲破黑暗的决心。虽然卡莉的工作经验比较丰富，但她依然感到不满足，因为她需要摆脱文秘带给她的束缚，需要将自己的目光放远，朝更远更深处的未来看去。

她带着一腔热情，参加了学校举办的招聘活动。在所有大企业的面前，卡莉并没有感到紧张，反而显得格外镇定自如，她用热情和自信吸引着很多前来招聘的面试官。

令所有人讶异的是，卡莉看上的工作单位是大家异口同声否决的公司——"贝尔大妈"。对于 1980 年的美国来说，电话电报公司相当庞杂。尤其像 AT&T 这样的大公司，仅雇员就有 100 多万人。

不过，公司越大，存在的问题也就越多。不少人曾告诉卡莉，AT&T 公司工作效率很低，而且一部分管理机构的人员工作作风较差。如果长期干下去的话，会因为枯燥乏味的工作而最终放弃。

卡莉没有被别人说动，她心中始终坚持着自己的想法。在日新月异的现代化生活中，越来越多的新技术公司备受追捧。像 AT&T 这样的大公司，正是未来发展的领头企业。卡莉除了对工作前景进行详细的分析外，她还看中了 AT&T 开设的"管理能力培训班"。

"管理能力培训班"的目的就是让更多的员工融入企业，了解企业，尽最大努力去捍卫企业的荣誉。在培训期间，各种问题和压力会扑面而来。卡莉不仅要去不同的部门轮岗，还要尽心尽力去完成分配给自己的每一份工作。公司对培训把关严格，如果有人达不到公司的要求，就有可能面临"炒鱿鱼"的风险。

卡莉是一个要强的女人，这样的性格一直伴随她至今。所以，越是困难，她越要逆流而上；越是曲折，她越要步履维艰地走下去。AT&T 是一个发展势头迅猛的企业，因此它的培训让尚处于迷惘中的卡莉学到很多知识。

刚进入新公司的卡莉对每一份工作都不甚了解，虽然经过了一段时间的培训，但她仍不知道自己想做什么。卡莉将目标锁定在三个部门上，分别是财务部、工程部、销售部。她经过权衡，决定从销售部干起。

对于卡莉为什么选择销售部，其实存在很多原因。她曾在自传中说道："我也不知道为什么会作出这样的选择，可能是因为我之前在马库斯-密里查普公司工作，与很多经纪人有密切的交流。他们大多数都是从事销售工作，而且每一个人的身家和谈吐都不错。当时，有个搞销售的朋友告诉我，销售部是不错的起点。在这个平台上进行学习和研究，能使我迅速掌握到公司经营的全部产品的信息。"

经过一段时间的工作后，卡莉逐渐发现，当初那位朋友说的一点都没错。她不仅依靠销售建立起庞大的人际关系网，而且还逐渐对产品有了深入的了解，进而对公司经营作出了最直接有力的判断。在和其他人的交流学习中，卡莉慢慢增加了自己的沟通交往能力。她渐渐感受到从未有过的喜悦，因为她感觉到自己时时刻刻都在进步。

在 AT&T 的学习工作中，卡莉就像一个刚踏进学校的学生。她每天按时起床，按时上课，不懂的地方积极向别人请教。在两个多月的学习生涯中，卡莉学到了很多销售和培训的知识。这其实是她正式踏入商业领域的标志，也是她多年来步入正轨的转折点。

时间过得很快，几个星期之后，卡莉跟着同事们进入了实践操作的阶段。对于整日与书本打交道，从未上过战场的卡莉来说，卖东西成了说起来容易做起来困难的事情。讲师为了让学员能迅速地学到知识，制定了"七步销售流程"的方针。他让大家充当销售员，每天要推销产品的销售方案。到了第二天，学员们拿着好的方案给讲师看，并要在讲师提出的很多刁钻问题之下应答自如。

在刚进行训练时，卡莉并没有做到自然放松。她甚至将面试工作时的从容不迫都丢弃了，取而代之的是胆怯和彷徨。在讲师安排的训练中，要见到客户是一件并不容易的事情。卡莉几度徘徊在游说客户秘书的过程中，而且多次处于高度紧张的状态下。

他们的训练场地是一间密闭的会议室，会议室中没有窗户，隔音效果极好。而且房中只有一张桌子、一个凳子，桌子上摆着一个电话机。卡莉要做的就是坐在椅子上，拨通桌子上的电话，使出浑身解数，说服客户的秘书给她放行。

训练中，客户的秘书由讲师扮演，他们会提出各种困难的问题，也会根据学员的心理素质变化进而加深问题的难度。当卡莉坐在椅子上，拿起桌子上的电话机时，焦灼的心仿佛被火燎了似的。她突然不知道要说什么，也害怕说错话，导致讲师的反感。总之，她心绪并不平静，甚至紧张到敛气屏声。

根据课程的安排和规定，如果无法说服客户的秘书，也就不能参加接下来的培训。所以，为了能让自己学到丰富的销售知识，也为了打开胆怯懦弱的心结，卡莉决定豁出去一试，并在心中默念，希望自己能顺利通过考核。

然而事与愿违，当她拿起话筒拨通秘书的电话时，所有设想好的话却没能说出来。她犹豫了好大一会，才语无伦次地说了一通。也不知道周转了多久，方听到秘书在一声无奈叹息后，勉强对她放行。卡莉心里很清楚，在销售电话这一个环节中，她表现得并不出彩，而且极其糟糕。好在秘书给了她一次机会，才让她有机会在以后的表现中大放光芒。

卡莉说，她从未想到自己能顺利完成这项任务。因为最开始的时候，她一直处于高度紧张的状态之中，害怕哪一步走错了，从而满盘皆输。不过，在后来的一次次尝试中，卡莉还是逐渐摸索出一条完善的销售道路。

她突然体会到，不论是怎样的人，从事何种工作。但凡要取得更大的辉煌，就必须迈开步子，摒弃掉胆小怯懦。在卡莉看来，销售这一行业充满了竞争，也充满了未知。她虽然只是初出茅庐，很多东西都不曾习得，但她经过长时间的磨炼和钻研，终究从中领悟到不少商界的精髓。

卡莉常常在心中对自己说："不论你遇到了多大的难题，也不论生活给你施加了多大的压力，在真理面前都要始终保持绝对的自信。因为一旦错失了机会，将会给自己带来一辈子的遗憾。"

挫折：现实给了当头一棒

在销售学校进行培训期间，卡莉的时间逐渐紧张起来。她很少出去游玩，而是将大部分时间都用在了学习上。随着卡莉对销售领域越来越熟悉，她也发现，销售学校课程始终是理论，有时也会太过于理想化和片面化。

培训完成后，令卡莉没想到的是，她即将加入的工作部门竟然是AT&T公司的政府通讯部。对于这个部门的情况，卡莉一丁点儿也不了解。但相较于其他人，她明显有很多优势。因为卡莉是管理能力培训班第一个加入这项工作的人。走上了新的岗位，卡莉十分认真，很快，大家也对卡莉有了细致入微的了解，并习惯性地称她为"管理生"。

虽然这个名字听起来充满了管理者的意味，但卡莉依然将自己视为新人，所有工作都重新开始学习。新加入的销售区域小组很少与卡莉沟通，他们总是我行我素。经过多方位的了解，她从别人口中和业绩单上了解到，新加入的销售区域小组很优秀，在公司的业绩名列前茅。正因为如此，他们才觉得卡莉可有可无，甚至从来都是各忙各的，没有人向她咨询问题。

想起第一天上班时，卡莉带着无比喜悦、无比激动的心情来到公司，她信心满满地以为，接下来将能大干一场，未来的前景被想象描绘成了波澜壮阔的画卷。然而，当她真正走进职业生涯，迎来的却是一个尴尬的场面。

原来，卡莉的上司并不看重这个"新毕业的管理生"，他觉得，政治通讯部的业绩已经够好了，不需要再来新人"指手画脚"。因此，看到卡莉时，上司只对她说了一句"早安"，就信手指着办公桌前堆放的一大堆文件和书，用不咸不淡的语调告诉卡莉，他已经把所有她需要负责的客户名单写下来了，所以她目前的工作就是仔细阅读桌子上的材料。他还很客气地告诉卡莉，欢迎她加入他的部门。

如果说正常化的工作流程是"不懂就问"，那么，卡莉明显被上司设定了一连串的考验。她看资料很认真，几乎每个词都认认真真地记录下来，不明白的地方就在笔记上画个圈。尽管如此，她依然无法对每一个词组融会贯通。

有一天，卡莉在一页文件上发现三个不认识的词组。她犹豫了很大一会，才鼓起勇气去问上司。然而，冷冷的一盆凉水泼到她的脸上。卡莉并没有得到她想要的答案，上司漫不经心地告诉她，所有的答案都在他给她的材料里。就这样，卡莉在沮丧中又窝在材料堆里，再次从第一页认认真真地看起。

连续奋战了五天，她才从浩如烟海的资料中查到那三个词组的意思。蓦然间，卡莉长舒一口气，白净的脸上挂满笑容，心里也有种如释重负的感觉。

在查询资料期间，她不仅知晓了那三个词汇的意思，还从中了解到政府部门相关团队的组成情况。总的来说，她不仅收获了满满的知识，同时也对部门内部信息有了进一步的了解。在今后的工作中，查询资料成了她必不可少的习惯。每当遇到难以解答的问题时，卡莉经常埋在上司给她提供的资料之中，果不其然，所有问题都在思考与运用中迎刃而解。

卡莉平时很喜欢和同事聊天，似乎聊天也成了生活中简单有趣的调味品。大家的兴趣爱好广泛，有的喜欢明星，有的喜欢运动，也有的对股市股票情有独钟。在这群人中，卡莉显得很特别，因为她的脸上总是洋溢着一副惹人喜爱的笑容，虽然很迷人，却看不出任何让她痴迷的爱好。时间一长，大家都颇为一致地认为，卡莉的爱好就是工作。

玛丽·伯恩斯是卡莉刚来时遇到的女同事，她在客户服务部工作很多年。初次看到卡莉时，玛丽·伯恩斯就显得格外兴奋，因为她觉得，再次迎来一个新的女职员，能给她的生活带来简单别致的快乐，所以，她闲着的时候经常向卡莉提出一些相关的意见和看法。尽管有时看来挺让人厌烦的，但卡莉始终觉得那是改进和完善工作的必要因素。

除了玛丽·伯恩斯以外，卡莉还结识了史蒂夫·弗兰茨、比尔·艾伦。他们两个人各有千秋，工作起来也认真，而且高效。

在这么多同事中，最让卡莉感觉震惊的是戴维·戈弗雷。相比较其他同事的年轻活力而言，戴维却是步入夕阳行列的老人。在所有人看来，他不苟言笑，常常痴迷于工作中无法自拔。他曾与印第安人事务管理局建立了密切的合作关系，而印第安人事务管理局又是贝尔的资深客户。因此，戴维的分量在整个公司都是看得到的，正因为如此，戴维才不喜欢别人插手他的工作。他喜欢独来独往，常常一大早来上班，到了吃午饭的时间时，再悄无声息地消失。

到了第二天早上，戴维才从外面急匆匆地赶回来，有时手中拿着吃了一半的面包，有时干脆将便当带回来在公司吃。大家都说，戴维是一个能力极强的人，但凡有产品在他手中，就没有"卖"不出去的。他在卡莉心中，从来都是一副匆匆忙忙、从未有闲暇的模样。直到有一天，卡莉接到一个任命，说要她和戴维共同合作，担任某个项目的负责人。

对于这样的安排，卡莉感到很诧异，就连同事们都说，肯定是上司胡乱想出来的点子。卡莉也不知道应该开心，还是应该难过，既然是上级命令，她只有唯命是从。所以，面对戴维时，她往往表现出一副既尊敬又客气的模样，生怕惹得戴维不开心。

有一天，戴维颇有微词地自言自语，他认为让卡莉与他合作根本就是一个馊主意。卡莉也觉得那是上司在办公室实在闲得无聊，闭着眼睛下的决定。她还不耐烦地说，公司的一群人根本不知道自己在做些什么。

虽然卡莉内心带有小小的失落，但她并没有因此而耽误工作。每天清晨，她依旧早早起床，简单地洗漱后，便赶到办公室投入到忙碌的工作中去。

过了一段时间，戴维给卡莉带来一个不错的消息。原来，印第安人事务管理局有两个重要的负责人要来公司视察。听戴维说，这两个人的分量很重，他们掌管着印第安人事务管理局通讯网的所有财务。也就是说，如果能谈下来，将会给公司带来很大的收益。与此同时，对于从没有打过"败仗"的戴维来说，这将会是很好的业绩创收机遇。他告诉卡莉，他准备用最新的方案去吸引他们，务必在一定的时间内谈下该项合作。

戴维处于极度的兴奋和紧张情绪中，却忘记了在公司小有成就的卡莉。几天后，卡莉告诉戴维，能不能带着她一起见一见客户，因为她觉得这样的见面对她以后的工作有很大的帮助。

如果是以往，也许戴维会毫不留情地拒绝，但这次，他表现出从未有过的热心。他很果断地告诉卡莉，跟着一块去，顺便也让她长长见识。

听到这样的回答，卡莉心中仿佛吃了蜜那么甜。她知道，在公司工作的机会都是靠自己争取来的，越是困难，就越要迎难而上，如果在半途选择放弃，那么成功就会与自己渐行渐远。

几天的时光里，卡莉恶补了很多知识，又对公司的大体状况作了系统的归纳。她在为见面那天做充分的准备，因为她心里清楚，不论过多久，总有一天她也要出去谈客户，而且要以饱满的热情和扎实的表达能力去征服他们。

然而，希望越大，面对的失望也越大。

就在准备见面的前一天，戴维突然有点尴尬地告诉卡莉，虽然一开始他曾答应了她，但这一次碰面确实不能带她去。因为他们要在华盛顿特区的一家餐厅碰面，而这家餐厅并不是女人随随便便能进的。他还设身处地地对卡莉说，凡事要站在客户的角度去考虑，客户要求去哪里，他们就必须服从。

卡莉很不理解地问他那到底是什么地方，没想到，换来的却是戴维含糊的回答。原来，他们要去的是"董事会议"俱乐部，那里一般是男人聚集的地方，女人不适合去。

听到戴维这么说，她突然有种被排斥的感觉。虽然嘴上依然对戴维很温和，但卡莉仍旧抑制不住哀伤和怒火。卡莉带着憋闷的思绪找到了比尔，向他请教了"董事会议"俱乐部的由来。从他的口中，卡莉才知道这个神秘的地方。原来，"董事会议"俱乐部就是脱衣舞俱乐部。通常情况下，往往被认为是男人夜生活必去的地方。

听到比尔的描述，卡莉突然有几分释然。她有点理解戴维的做法，同时，也对客户的选择多了几分鄙视。但如今所有的想法对她来说都是无用的，因为她改变不了既定的事实，只能乖乖去做顺从的羔羊。

"董事会议室"像一个梦魇缠绕着卡莉，始终在脑海挥之不去。她很想使自己冷静，快点想出一个好的法子。为了增加灵感，卡莉甚至跑到洗漱间，一边坐在马桶上冥思苦想，一边用凉水冲洗那张尴尬郁闷的脸。就这样，她沉默了几个小时，在最接近疯狂的边缘，还是想明白了所有的问题。

最终，卡莉做出了一个决定。她要去"董事会议室"，而且要穿得大方得体，不让那两个客户笑话。其实，她是要向戴维乃至所有人证明，无论有多么大的困难，只要用心去解决，总会有一个好的答案。

卡莉带着半分坚定半分犹豫的信念，一步一步走到戴维的桌子前。那时，她心中忽然产生了一种从未有过的忐忑。卡莉说不出是哪里出了问题，但就是不能像往常一样一眼就能看到结果。

在戴维充满疑惑的眼神下，卡莉郑重地告诉戴维，这次碰面她一定要去，而且会穿得大方得体，不会让客户笑话。因为她觉得这样的机会来得不容易，但凡碰到就应该备加珍惜。她还坚定地说，明天早上就会去俱乐部找他们，绝对不会食言。

当卡莉的话语落下时，办公室里竟鸦雀无声。大家都用异样的目光看向她，有的钦佩，有的惊诧，也有的人在偷笑，以为她疯了。面对这么多人的质疑，卡莉心中也有点害怕。她在转身离开后，不禁释然地长吐一口气。

回到家中的那天夜里，她好像看电影一般回忆了当天下午发生的事情。如果不是心中的执着泛滥成灾，也许卡莉至今都无法相信，她能在这么多人面前孤注一掷。

在几番打听下，卡莉逐渐对"董事会会议室"有了完整的了解。

原来，这个地方并非普通的脱衣舞俱乐部。它的位置很特别，在华盛顿特区佛蒙特大街上。很明显，这种地方很繁华，也是经济贸易的中心场所。一般来说，去俱乐部游玩的都是有钱有势的"上流社会人士"。当然，俱乐部还是因为有脱衣舞女郎而闻名。

卡莉得知，在演出的间隙，那些身材凹凸有致的女郎经常穿着好似睡衣似的透明衣服，在客人的餐桌上尽情地跳舞。一想到这样的画面，她脸上就浮现一抹绯红，好像被人带到了"坏人"聚集的地方。但一转念之后，卡莉还是平稳了气息。因为世上没有人能帮她解决这个难题，她唯一可以依靠的人只有自己。

第二天清晨，卡莉很早就起了床。她在晾衣架前停顿了很久，迟迟不知道选哪件衣服。当想到"董事会会议室"一个个身材火辣的女郎时，她忽然来了兴致，挑了一件最保守的衣服。

从家里走出来时，卡莉一次又一次地在心中安慰自己：不要担心，不要害怕，她要以优雅的穿着和精心的打扮告诉那些"臭男人"，她是最保守的一个，同时也是最在乎职业操守的女人。然而，卡莉一路上的心理建设还是被计程车司机打破了。

当她向司机说明要去的地方时，没想到却迎来司机惊诧的反问，司机不敢相信地再次问她，有没有确定要去那里。卡莉知道引来了笑话，但仍旧保持住镇定，勉强地挤出笑容，也没说话，只是冲司机点点头。

也不知绕了多少个弯，计程车开了多久，一个偌大的建筑才映入卡莉眼前。她略有忐忑地走进俱乐部的大门，当多迈开几步后，竟凭空增加了少许的自信。

这家"董事会会议室"和绝大多数酒吧一样，屋内昏沉且光焰摇摆不定，一阵阵喧闹的音乐从大厅中漫过来。卡莉保持绝对的清醒，在暗自宽慰自己之后，越过吧台，向人群繁杂的大舞台走去。此时，一大群脱衣舞娘正卖力扭着细腰，黑暗的顾客席上，刺耳的哨音和掌声此起彼伏。

卡莉并没有被这场面惊吓到，她只是感到有点尴尬。毕竟对于一个职业女性来说，如此糜烂的场所应属禁忌地。经过确认，卡莉从戴维那里了解到，他们正坐在距离大门最远一侧的房间。

也就是说，此时的卡莉必须穿过整个舞台，也必须在所有男人惊讶的目光中勇敢地走过去。她深深吸了一口气，平复情绪后，忙低下头，夹紧公文包往舞台前方走去。后来，卡莉曾在自传中形容道："我的这副形象与周围场景看起来极不协调，我简直像一个傻瓜！"

还好，这种"一叶障目"的手段果然让卡莉避免了不少尴尬的场面。至少，她不去对视路人的眼睛，就看不到大家惊奇的目光。找到戴维后，卡莉假装镇定地向客户介绍了一下自己，而后在他旁边坐下，有板有眼地述说自己对印第安人事务管理局的看法。几天来，她一直在查有关印第安人事务管理局的各种资料，尤其是上司交给她的一摞图书，她都一字不差地看了一个遍。

卡莉说了那么多，就是想让客户知道，她对印第安人事务管理局是有所了解的。虽然是滔滔不绝地谈论，但客户的情绪并不高。他们眼睛或是看向大舞台的女郎，或是闷头喝酒。戴维也没心情谈工作，为了缓解冷场的局面，他特意向大舞台上的女郎摆手，呼唤她们过来跳舞。

当女郎们的目光扫过卡莉时，嘴角发出冷冷的轻笑，她们极不情愿地告诉戴维和那两个客户，如果卡莉一直在这里待着的话，她们根本没有办法安下心跳舞。"

听到这样的话，所有人都愣住了。其他的男人没有出来制止，他们或是一边傻笑，或是一边喝酒。卡莉心里很清楚，那几个脱衣舞女郎是因为同情她的处境，故而说出半冷不冷的话。

但面对这么多人，又是两个比较重要的客户，她心中很不是滋味，还是忍不住地想哭。直到卡莉将心中的问题都说得清楚明白之后，才颇为轻松地从"董事会俱乐部"离开。

自从有了勇闯脱衣舞俱乐部的经历，卡莉逐渐意识到对工作尽职尽责的重要性。她不认为勇闯"脱衣舞俱乐部"有多么不应该，也不认为说了很多话而客户没有听进去有多么没用。反而，她开始一点点反思自己，也通过不断地提升勇气和魄力来出色地完成自己应做的工作。

很快，卡莉闯"董事会会议室"的事情在公司传开了。当初大家听说卡莉要去，只当是一个玩笑，不曾想她的果断和勇敢还是支撑她走了进去。那时，大家最大的感觉就是，卡莉在公司是最用功、最刻苦，也是最发愤图强的一个员工。

正是凭着一股敢闯敢拼的干劲，她得到了戴维的肯定。从那以后，她与戴维成了亲密无间的工作搭档。当每一次碰到客户时，戴维常常事先通知她，让她做好客户的接洽工作。他们彼此分工合理，工作效率也在日渐摸索中逐步提升。

比尔曾对卡莉说，戴维如果喝多了酒，工作起来就不怎么清醒。所以很多时候，她得时刻保持清醒的头脑。而且戴维在公司工作了很多年，庞大的客户网络也是他建立起来的，所以，公司放心他去谈客户，而客户也很喜欢他。

卡莉记住了比尔的话，她对戴维的看法也从以往的冷漠变为敬仰。

以后，每一次会见客户，戴维对卡莉都表现出前所未有的信任。他时常坐在沙发上，放开手让卡莉去谈。渐渐地，她突然觉得年纪稍大的戴维就像她的父亲，脸上总是带着慈祥的笑容。正是基于这样的信任，卡莉才一步步地在不断学习中慢慢长大。

戴维喜欢喝酒，常常在酒吧约见客户。他曾告诉卡莉，酒吧虽然嘈杂，但却是一个能让人放松心情的地方。合作双方都需要极好的心情洽谈工作，所以，这么多年来，他一直坚持在酒吧谈生意。

卡莉理解戴维的做法，毕竟公司的客户大多都是男性。他们需要释放压力，也需要寻找工作的契合点。不过，卡莉并没有因为自己是女性就谢绝参与，她反而练就了过硬饮酒的本领。虽然有时候喝酒是为了迎合客户，表现得不免有些牵强和佯装。但卡莉总是试图让自己保持清醒，也让每次谈判变得轻松愉快。

在酒吧谈客户时间长了，她也学会了保护自己的方式。每当夜晚降临的时候，同事们与客户谈得正欢，她就借故上厕所，悄悄走到吧台前，对调酒师说，从现在开始，她点金汤尼鸡尾酒的时候，就请调酒师就在她的杯子里只放汤尼水。为了加强调酒师的记忆，她再次强调说，只要汤尼水，不要杜松子酒。显然，卡莉害怕自己喝得太多，因而耽误了大事。而且，此时同事们都处于醉意朦胧间，没有人能保持绝对的清醒，而她，就必须努力克制自己，这是卡莉对工作认真的态度。

1982年，卡莉已经在公司工作了五六年之久了。有一次，她去丹佛出差，准备会见一位美国地质勘探局的地区经理。

在卡莉的询问下，地区经理向她做了冗长的叙述。他告诉卡莉，当前使用的电信交换机系统很不科学，他利用了现在的技术条件去解决了很多次，仍旧于事无补。

如今，他们需要找到一个新的方法处理大量的打入电话，而且他们还需要从大量的电话中捕捉到有用的信息。不过，目前时间十分紧张，他们没有办法解决这个问题。即便要解决，也需要短时间内打入很多电话，并且需要从全国各地调来工作人员积极配合工作。只有这样，才有可能解决整个问题。

令地区经理苦恼的是，当时的蒙特AT&T团队中没有一个人愿意聆听他的想法。因为团队的人都一直认为，要做这样的项目就必须花大量的时间和精力，但目前还有很多更容易赚钱的项目，他们不可能一棵树上吊死，浪费掉那么好的赚钱机会。

卡莉了解到问题时，并没有一味躲避，她不像其他人那样急功近利，而是花了一段时间听完地区经理的阐述。之后，卡莉虽然没有找到合理的解决办法，但她很明确地告诉地区经理，通过自己的努力保证会解决这个问题。

没多久，上级准备将卡莉调任到其他部门工作。但是，如今她接下了客户的活儿，就不可能掉头就走。几经思忖后，卡莉决定继续留在岗位上，而且她在心里默默为自己加油，一定能成功有效地找到解决方案。

当时，多数同事对她很不理解。大家觉得她近乎疯掉了，放着容易的活不做，却去接那么困难的工作。接连好几个月里，卡莉一直沉迷于问题的解决方案之中。她每天都忙于和蒙特AT&T的人进行沟通，在后续的了解中，她知道了这里面蕴藏的巨大商机。可所有人对卡莉的想法从不上心，甚至认为她已经走火入魔了。毕竟这项技术问题很难攻克，她又是一个新人，一个十分年轻，从未经历过多社会历练的女人。因此，大家和她谈了没几句，就不欢而散了。

然而没多久，卡莉遇到了蒙特AT&T公司的一个中层经理。相比较她这个最低级的一线经理而言，中层经理的出现就好像卡莉在阴雨天气中碰到了阳光。当晚，两个人进行了很深入的谈话，卡莉也从他的谈话中获得了不少鼓励的信息。

卡莉兴高采烈地和中层经理谈了一晚上，两个人还找了一个酒吧，喝了一会饮料。当话题从工作挪到私人生活时，卡莉突然意识到，中层经理仿佛不是针对项目来的。他的视线，甚至一举一动都在证明，他真正的目标不是工作，而是卡莉。

不知为何，得知这样的现状后，卡莉心中竟无比的失落。她找了一个理由离开，转而搭了计程车回到家中。不曾想，中层经理一点也不罢休，他不断给卡莉打电话，不断说很多缠绵悱恻的话。虽然此时的卡莉是单身，但她依然没有要找另一半的打算。况且她对中层经理压根儿就没有感觉，更谈不上喜欢。

当第二天去公司上班时，没想到一个不好的信息传到了她的耳朵里。原来，昨晚被她拒绝的男经理竟污蔑说已经和卡莉有了云雨之欢。卡莉万万没想到，曾经执着又坚定地要去追逐的梦想竟会被人添加作料，使她变得狼狈不堪。难怪刚走进公司时，所有人都用一双奇怪的眼神看向她。

一番思考后，卡莉决定放弃蒙特AT&T公司。她的理由很简单，她要寻找一群真正能懂得她，并真正能信任她的合作伙伴，而不是一群只会冷嘲热讽，没有一点工作热忱的同事。

真爱：与灵魂伴侣相遇

离开蒙特AT&T的卡莉很快就融入AT&T在新泽西州和华盛顿的分部工作中。虽然她历经了各种困难，也曾在很多嘲笑和冷眼中尝到绝望的滋味，但卡莉从没有想过放弃，甚至一次次的失败让她更加坚定接下来要走的路。

花了很大的力气，卡莉终于找到了一位能真正给她提供帮助的人。这个人就是弗兰克，也是卡莉一生中最挚爱的男人。

当他听了卡莉遇到的问题，犹豫片刻后，竟一口答应，说愿意帮她设计出解决方案。那时，卡莉心中积郁的失落好像忽然找到了一个出口，她的脸上展现出从未有过的开心，从未有过的激动。接下项目后，当两个人在一块吃饭时，弗兰克曾很惊讶地对卡莉说，她接下的这个单子很大，而且非常值钱。

是啊，这个单子的商业价值太大了。她虽然平时也考虑过，但从没估量这个单子到底能带来多大的收益。况且现如今，她的心思也不全在钱上，因为她的一大半心血都花在研究系统和解决课题的项目上了。

有了弗兰克的支持，卡莉对这件事表现出无比巨大的热忱。她每天都会到研发车间去，给研发工人带去各种小吃。在她的鼓舞下，大家的研发劲头都很足。尤其经过一段时间的打磨，当看到胜利的曙光时，所有人竟都露出了久违的笑容。不久，卡莉和弗兰克研发并出售了AT&T当时最大的电话系统。这个系统，就是贝尔"Dimension 2000

系统，另外还附带紧急通信系统（ECS）。凭借这项技术，卡莉也获得了全国性的奖项，并且被公司提升为销售经理。

当卡莉正式踏入研究生院以后，她和托德的生活就出现了很大的反差。平时联系较少，而且时不时就会产生小小的争吵。无论发生怎样的事情，卡莉总是在一番设身处地的思考后向托德妥协。

然而过了没多久，卡莉和托德还是因为一些原因不欢而散，走到离婚的地步。事后很多年，卡莉对于整件事，仍旧一直保持着质疑和愤怒。她后悔看错了人，也后悔在大好的年纪嫁给了一个并不值得守候一辈子的男人。

刚结婚的时候，家中但凡遇到事情，都是托德拿主意。有些时候，卡莉本来想做决定，往往因为托德的不满意，进而放弃了想法。

卡莉在公司工作的时候，托德曾有一段时间外出。他那时并没有去学校上课，却谎称自己去外地工作。尽管她对托德十分相信，可一连串的破绽还是让卡莉不放心。

后来，她找到一位律师朋友，在和她简短的交流后，卡莉突然感觉到从未有过的紧张和担忧。律师朋友告诉她，当托德不在家时，应该将家中花销的单子找出来，认认真真地核对一下。因为男人外出花费，很多时候都用在了不该花费的东西上。

果不其然，在律师朋友的协助下，卡莉的确发现了托德以往不曾有的一面。较之以往，卡莉从不过问家中的财务状况。她总是很相信托德，以为他能把整个家管理协调得很好。然而事与愿违，令卡莉哑舌的不仅仅是高昂的财务花销，还有她从来没有见过的支票簿，以及托德赚的钱财明细表。

面对陌生又熟悉的托德，卡莉心中竟升起了莫名的怒火。也许对于托德来说，卡莉骄人的成功无形之中带给了他巨大的压力。那是一名成功女性带给男人的最强大的打击。他虽然也打工挣钱，却远远不及卡莉一分一毫。

从此，托德喜欢管着家里的钱财，也不经过卡莉的同意或者瞒着她随意挥霍。一张张被银行存单和其他账目堆满的单子被卡莉硬生生扒了出来。她很悲伤地坐在沙发上流泪，一阵阵抽噎，以致痛得发不出声音。

曾经，她那么相信托德，总觉得托德从不会欺骗她，心想两个人在一起，也终将会长长久久地走下去。然而，当初单纯的执念还是被现实狠狠地抽了一个耳光。卡莉终于看明白这一切，她再也不会妥协了。不久后，卡莉向托德提出离婚。

离婚对于她来说，已经不是多么痛苦的事情。因为看透一个人后，也就没那么难过了。况且，她提出离婚总比托德提出离婚要好受些。

在婚姻问题的挣扎中，卡莉没有选择堕落买醉。她反而坚定地认为，这次的决定将是她一生最正确的一次。在卡莉最难过的时候，一个闺密闯入她的世界，她叫卡罗尔·斯普瑞尔，在 AT&T 华盛顿分部工作，并且是办公室中官衔最高的女性。

一天早上，卡莉在家门口等车上班。不曾想，一辆轿车驶过四条车道，一个急刹车，停在她的面前。卡罗尔·斯普瑞尔潇洒地打开车门，微笑着探出头来对她说，一起去上班比较好，因为她现在心情低落，急需要一个朋友帮助。

卡罗尔·斯普瑞尔说的没错，她的状态如今糟糕透了，烦恼的问题没有一天不塞满她的脑海。只是没想到，在卡莉最难度过的时刻，竟是这样一个朋友惦记她。当天在车后座还有一个人，正是卡罗尔·斯普瑞尔的朋友朱蒂·哈德森。朱蒂·哈德森本打算搭乘卡罗尔·斯普瑞的车上班，没想到半路上遇到了一边哭泣一边等车的卡莉。

从此以后，她们三个成了亲密无间的好朋友。每当卡莉心情烦躁的时候，卡罗尔·斯普瑞和朱蒂·哈德森总带着她去华盛顿的娱乐场所游玩。有时去喝喝咖啡，有时去商场购物。总之，那段时间里，卡莉生活在温暖惬意的环境中。她开始清醒地认识到，其实离开了托德，并不意味着失去了全部。至少她还有一群好朋友，也有从未曾遗忘的梦想。

她开始告诉自己，未来不论有多么艰辛，她应该是最坚强的一个。而今后的日子里，再遇到别的男人，她需要用尖锐的目光去审查他的一举一动，因为卡莉不敢再去轻信别人，也不敢随随便便地开始下一段感情。

直到有一天，在上天的安排下，卡莉遇到了她的白马王子，也是今后，陪她走过很多泥泞的挚爱——弗兰克。

相比较卡莉得天独厚的家庭条件，弗兰克就显得没那么幸运了。他13岁就失去了父亲，从此以后，家中全是女人。用弗兰克的话说，他每天生活在母亲、姐姐、姑妈、姨妈身边，听到很多女人之间的对话。

弗兰克的母亲很坚强，在丈夫去世后，她还要抚养弗兰克和他的两个姐姐。弗兰克的两个姐姐叫厄休拉和克芳迪娅。从小时起，他就生活在女人的世界里，也被这群女人小心呵护着慢慢长大。

卡莉被弗兰克的幽默和感性所吸引，同时，卡莉也喜欢弗兰克黝黑的皮肤和迷人的笑容。那时，他是办公室中最英俊的小生，不知道引来多少女人爱慕的目光。

当弗兰克走近卡莉时，她心中再也抑制不住的热情被燃起。弗兰克曾告诉卡莉，他觉得将来的某一天，卡莉肯定能管理整个公司。听到这样的话时，卡莉只是笑笑，因为她从未考虑过这个问题，而且觉得就自己目前的情况看，一切还为时尚早。

也许是基于这一份信任，卡莉很快沦陷在弗兰克的世界里。她爱上了弗兰克，一想到他说的那句话，未来由她管理整个公司，卡莉心中就感到莫名的开心。

他们常常约会，弗兰克开始毫无保留地给卡莉讲述他的事情。他说他也曾离过婚，而且还有两个女儿。相比较卡莉没有孩子的状况，弗兰克带着两个女儿，明显让她心中有小小的不悦。但很快，卡莉从忧虑中缓过神来。

她认为，最终和一个人走在一起，要看的并非是他的过往，而是他有没有一颗疼人爱人的心，还有基于内心的一份信任。有了这些，他即便有过孩子，卡莉也可以不在乎。甚至，她曾想把弗兰克的两个女儿当作自己的亲生孩子看待。

第一次见到弗兰克的两个女儿时，卡莉并没有感觉到疏离，反而，她还有点喜欢她们。那时，四个人在一家中国餐馆吃中餐。弗兰克向卡莉介绍说，他的两个女儿的名字分别是特蕾西和罗莉。

当初，弗兰克告诉卡莉要带着两个女儿去吃饭的时候，她其实想拒绝。因为她并不想和弗兰克的生活走得太近，偶然产生一定的距离对卡莉来说，反倒有一种关乎美的体验。不过，在和两个孩子相处了一段时间后，卡莉逐渐改变了自己的观点。她发现自己越来越喜欢这两个孩子，也越来越对她们的性情、爱好产生了浓厚的兴趣。

让卡莉觉得不可思议的是，两个孩子虽是同一个父亲所生，却有着截然不同的两个性格。特蕾西虽然年纪小，但比同龄孩子成熟。仅仅吃了一顿饭，她从特蕾西的口中就体会到要保护父亲的意念。对于弗兰克的另外一个孩子罗莉来说，却表现出一副渴望被人关爱，渴望被人保护的模样。过了没多久，一件让卡莉既兴奋又忧虑的事情终于发生了。她似乎很早就期待着这天的到来，可又说不出哪里有些担忧。

复活节的周日，当弗兰克开车到他母亲家外的路边，突然停下来，从怀里掏出一个戒指盒，向他梦寐以求的爱人卡莉求了婚。他手中拿的戒指正是罗莉挑选的，很漂亮，也很温暖。当她答应弗兰克的时候，罗莉开心地在汽车后座上欢呼跳跃。另外，特蕾西还跑到外祖母家里，散播喜悦的信息。

时至今日，每当卡莉想到这件事，心里都是美滋滋的，她曾说："我至今仍然觉得，答应戴上这枚戒指，是我今生作出的最好的选择。"

卡莉接受了求婚后，两个人很快商量起筹办结婚典礼的事宜。对于卡莉来说，结婚仪式已经不再重要，她只需要一个家，还有一个爱她的男人。

当弗兰克告诉卡莉结婚日期时，她先是一阵开心，而后化作无数的焦虑。绝对不是后悔，而是莫名的恐惧。因为这次结婚和第一次已经明显有了区别，她不再是草率地决定，也不再是盲目的信任。

为了缓解紧张的氛围，卡莉索性找来一个纸袋，每当心跳加速的时候，就往袋子里吐气。她发现，这样的方法果然能起到一定的效果。直到弗兰克自信地走过来，伸出手牵着她时，卡莉才感觉到从未有过的幸福。

他们的婚礼是在弗兰克的家中举办的。虽然不大，可以用简陋来形容，但两个人都很开心，家中的亲朋好友也送来真挚的祝福。卡莉突然觉得自己被幸福环绕，仿佛有身处梦境的浪漫。

结婚当天，卡莉送给特蕾西和罗莉一人一个金手镯。金手镯是卡莉前两天在金店买的，挑了好一会，才选了这一对意蕴深刻的手镯。虽然她没有当着两个孩子的面说出她的意思，但细心的弗兰克明白，卡莉是想让孩子们放心，她绝不会取代她们母亲的位置，也不会狠下心来以"后妈"的傲姿对待她们，她要做一个爱她们，疼她们的"特别保护神"。

结婚后的日子里，卡莉和弗兰克曾想过再要一个孩子。不过，随着时间的积累，也随着身体的原因，他们终究没能生个孩子，说来也是一个遗憾。但是卡莉很坚强，她笑着说："我觉得我们依然是幸福的，能够找到自己的灵魂伴侣，不论怎样说，都是一种奇迹。"在惺惺相惜的日子里，她和弗兰克一起生活了25年。卡莉很开心能遇到他，也对自己的选择充满了骄傲。

从此而后，复活节成了他们的结婚纪念日，也成了卡莉重生的日子。她始终认为，如果不是遇到了弗兰克，她也许仍活在迷惘的日子里，到现在都不知道幸福是什么。因为她害怕再次相信一个人，从而换来一辈子的遗憾。

但事实告诉卡莉，她的选择没有错，弗兰克在今后的生活中，待她就像初见一般。无论发生多么大的事，他都会站在卡莉身边，给她最坚实地依靠。

第三章

**勇敢穿越
职场不是偶像剧**

挑战：打破"花瓶"的勇气

1982年，注定是卡莉改变的一年。在AT&T公司奋斗了一段时间后，她成功晋升为企业管理者。尽管卡莉掌管的团队规模不大，只有公司的卫生和福利两个部门。但能顺利做上这个位置，她心中仍旧掩不住偌大的喜悦。

曾经，她在AT&T做职员的时候，主管经常以一种"毫不在意"的态度管理员工。他们认为，自己平时有很多工作要执行，很少有时间带领员工。况且，有些员工并不是想教就能教好的，而主管的耐性又很小。

面对如此的现状，卡莉做出了一个大胆的决定。她必须比以前的主管做得好，而且要增加亲和力，让员工与她之间没有隔阂。

然而，当卡莉拿到员工的资料时，无形之间多了几分压力。她的担心不是空穴来风，从诸多同事的看法和他们的为人处世上，她能客观地看出一个员工的潜在价值。如今，上司分给她的员工，很明显是一群热情不高的人。

卡莉上任后的第一个想法，就是想找所有员工谈谈话。她认为，一个好的主管必须要对下属有全面的了解。她不仅要清楚知道每一个员工擅长的领域，还要对他们的看法和意见做深度的剖析。卡莉始终觉得，让员工清楚知道自己要做什么，怎样为公司做贡献，是一件非常重要的事情。

然而理想和现实的距离并非一步两步，她不仅没能依照所思所想感化员工，反而得知了上司安排给她这个职位的重大原因。

原来，他们这个团队在公司并没有太大的作用。公司也不依靠这几个员工创造多么大的业绩，甚至，他们一度想就这么混下去，一直混到再也混不下去为止。

帕蒂·埃斯皮是这个团队的一名女性员工，她是和卡莉同一时间受雇于公司的。当初AT&T公司并没打算招女性员工，后来被人告发，公司才与政府签订了协议，而卡莉和她正是在协议签订后才得以来到公司的。

在卡莉眼中，帕蒂·埃斯皮精力旺盛，每天都精神抖擞。但是，她却很少将心思用在工作上，平时生活中，她的绝大多数时间都浪费在了无用的事情上。时间久了，卡莉从她口中听到两个最不想听的字眼"辞职"。

卡莉的另外一个员工是客户服务部经理唐·海恩斯。相比较帕蒂·埃斯皮的浅薄，他却明显有资深的阅历。这么多年来，唐·海恩斯一直在AT&T公司工作。不过，他每天很少有热情高涨的时候，绝大多数时间都沉寂在飘悠悠的世界里。无论谁去找他询问工作，他都表现出一副若无其事的样子。卡莉心中清楚，尽管唐·海恩斯的态度并不友好，但他在公司创造的业绩是不容忽视的。

最后一个员工叫比尔·卡什。他和所有员工都不一样，甚至可以将他归为异类。在别人眼中，比尔·卡什是地地道道的同性恋。要知道，在当时同性恋可是很大的丑闻，很少有人愿意和"同性恋患者"做朋友。

所以，自然而然地，比尔·卡什成了众人排斥的对象。不过，细心的卡莉偶然发现，他并非是一个自甘堕落的人。虽然平时会开开玩笑，装作一副无所谓的样子。但在比尔·卡什内心深处，还是很想得到大家的认可，得到大家的重视的。

有一群这样的员工，卡莉有过抱怨，也有过心烦的时候。不过，一段时间后，她开始从沉闷中抽离出来。她告诉自己，越是能取得成功的人越不需要太多的调教。反而是那些并没有高涨热情的员工，恰恰是她证明自己实力的绝佳选择。

卡莉的新上司是一个地区经理，他平时的作风习惯，很容易给人留下自视清高的感觉。不久前，新上司在公司提出了"滚动计划"，他自己觉得很满意，还信誓旦旦地想将这个"成就"用到工作中。在新上司眼中，他伟大的"理论"很快就会被上级看到，不久就可以升职，得到重用。

有一天，新上司带着她去会见客户。令卡莉没想到的是，当新上司向客户介绍的时候，竟不留情面地说，卡莉是新上任的销售部经理，不过她也是公司独一无二的"花瓶"。听到这样别开生面的介绍，卡莉又是急又是气，但在客户面前她没有别的选择，只能勉强挤出笑容。等到客户走后，卡莉才忍不住拉住上司的衣服，小声地告诉他，以后不要再这样称呼她。

卡莉当时着急想表达自己的想法，根本没有思考太多。以至于她说完话后，才意识到那是在跟上司说话。在一脸愕然的上司面前，卡莉没有软下来，甚至依然保持镇定，眼神中流露出一种极想被理解的渴望。

过了一会，上司似乎感受到了卡莉的怒火，虽然表面上向她道了歉，却依然半分挖苦半分嘲笑地询问卡莉，以前是不是做过啦啦队的队长。

上司的话无形之中还是给卡莉带来了莫大的伤害。啦啦队队长的言外之意，不就是在说她指挥着一群只知道跳来跳去，却丝毫不能创造价值的员工吗？

虽然这样的成见让卡莉心中窝火，但她依然将此视为成功的考验。因为只有被人看不起，才有机会从石头缝里蹦出来。卡莉认为，别人的成见恰恰是她努力的动力，当被人蔑视的时候，她不能选择一味放弃，应该制定出一系列的挑战性目标，带领团队的所有人员向着目标进发。

卡莉花了很长时间，对每个员工的兴趣爱好，以及擅长的领域做了统筹划分。她认为，进行这样的工作是迈向成功最重要的前提，也是带领团队走向辉煌的保障。

一天，她把所有团队成员叫到办公室，用极其简练的语言表达了她的看法。卡莉告诉他们，她想打造一个"明星团队"，而且要让整个AT&T公司的人都看到他们团队的成就。

当大家得知她的想法时，不少人是抱着"看笑话"的态度的。毕竟大家心里都清楚，被分到这个团队，明显是被"发配边疆"了，而且从一开始，他们就没对这个团队报以任何希望。

令所有人没想到的是，卡莉是一个非常较真的主管，她下达的命令，就必须要百分之百地完成。她还是一个细心又周到的主管，公司不论列出哪一项规划，她都要做到稳中求胜，就连很多细节的制定也由她亲自动手。

经过一段时间的观察了解，卡莉已经对员工有了全面的认识。她开始给员工逐个分配任务，力图让他们都找到各自的方向。

帕蒂·埃斯皮和比尔·卡什有一个相同点，他们都对生活充满激情，而且年纪不大，敢于冒险。所以，卡莉单独将他们两个叫到办公室，用温和的语言加以开导，又一起展望无限辉煌的未来，勾起他们的向往。果不其然，一段时间后，两个人都沉下心来，决定要大干一场。

客户服务部经理唐·海恩斯平时无所事事，对工作和生活都抱着混的态度。卡莉看准了他颓靡的现状，就将事业奋斗的情况与他做了对比，果然激起了他的斗志。

于是，所有人都在卡莉的带领下打算将工作做到顶峰。因此，当下一次开会来临时，大家都做好了接下来的工作计划。每一个人都细化到自己掌管的区域，大家的干劲都很足。

1983年，卡莉的"明星团队"正式步入正轨，大家都很卖力地工作。无论大事还是小事，都干得有声有色。

自从卡莉接任主管以来，无时无刻不在思考着自己的工作角色。她要让自己慢慢融入生活中，也要与团队成员打成一片。只不过，有些时候接踵而至的难题会让她徒生烦恼，有时也会犯下错误。

卡莉需要找到一种方式剖析自己，她必须让自己变得完美，也必须不断增强自己的管理能力。考虑了很久，卡莉决定给自己做一次全面的调查。

她不再仅仅用自己的眼光看待问题，反而将平时工作中表露的小问题抛给下属。有时候，别人的眼光远远比自己独到。因为当大家面对自身产生的小问题时，或是选择忽视，或是从未留心。

有一天，卡莉将帕蒂·埃斯皮、唐·海恩斯以及比尔·卡什叫到办公室，很真切地问他们，她特别想知道，这段时间里，她到底哪里做得不对，哪里又做得比较好？

起初，大家的回答都是敷衍应付。尤其是比尔·卡什或是轻轻地调侃，或是跑偏了题。不过，当卡莉的眼神由玩笑变得严肃时，大家才知道，她是想真正获得中肯的意见。

很快，所有人从打趣的状态中缓过神来，大家开始认真地回忆，对卡莉的提问也如实回答。就这样，一个调查问卷式的谈话应运而生。从此，卡莉决定每三个月召开一次这样的谈话，也把大家的意见和提议都记下来。她认为，只有对自己做全面的解析，才能在未来的工作中做得足够好，也足够漂亮。

在她的三个员工中，比尔·卡什的提议似乎是最特别的。他平时除了注意卡莉的工作作风以外，偶尔也会对她的穿着打扮进行打分。刚开始的时候，比尔·卡什给的分明显很低。他对卡莉从上到下的穿着，都给了细致的意见。直到后来，每当卡莉换一件衣服到办公室时，就会首先询问比尔·卡什的意见。她认为比尔·卡什的意见大多数都很到位，对她也有很大的帮助。

渐渐地，大家对这位女上司的看法忽然变得明朗起来。他们的干劲很足，对自己要求也越来越严格。虽然以前制定的目标有时不能如约完成，但是如果公司有任务，他们都能第一时间做完，而且超常发挥。

卡莉慢慢感受到团队合作的重要性，也对三个性格迥异的下属有了全面的认识。不久后，在大家兢兢业业的拼搏下，很快赢得了老板的赏识，也都有了晋升的机会。在团队中，最先晋升的是帕蒂·埃斯皮，其次是比尔·卡什，最后是唐·海恩斯。

其中，唐·海恩斯成了客户评价最高的地区客户经理。随着未来发展前景的一片大好，唐·海恩斯深有体会地说，有一个精明能干的女上司，是往前不断进步的重大动力，他非常感激卡莉。

卡莉用自己的行动证明，新上司提出的"滚动计划"是不可行的，在工作中更不能运用。

她用了一年的时间，成功晋升为中层管理者。在公司，每年管理者都要给自己的员工进行必要的打分排名。实际上，打分一般划为四个等级。第一个等级是"卓越",第二个是"出色",第三个是"满意",第四个是"不满意"。

这样的等级制度很像学校对学生的成绩实行"A、B、C、D"的划分模式,只不过,公司还要给员工做一次总的排名。卡莉认为,排名和分数的出现有利于鼓动员工的积极性,使他们不断往前冲刺。同时,还能很好地反映他们的工作情况和具体表现,有利于主管的审时度势。

如今,卡莉成了一名中层管理者,相较于以前,她更多了一份责任。然而,给员工评等级和排名,并非一件容易的事情。如果不能客观反映出每一个员工的工作情况,就不能做到公正有效,从而也是对别人的不尊重。

从前,卡莉在做小员工时,也曾被上司评过成绩。只不过她从未见过具体的会议流程,也不知道分数和排名的划分要经过与多少个中层管理者商讨才能落实。她只是等了几个星期,才拿到了上司给她安排好的分数和排名单。

经过一段时间的摸索,卡莉对员工的分数和排名仍旧一头雾水。后来,她找到了玛丽·伯恩斯。在玛丽·伯恩斯的帮助和指导下,卡莉才了解到评分程序的具体细节。

原来整个打分程序并非她想的那样不可思议,也并非一叶障目,不切实际,相反真的充满了公正和客观。卡莉初次看到会议审核流程时,在惊叹的同时,也意识到公司的做法很大程度上给了员工最公平的晋升机会。

在评分会议开始之前,每一个领导者都要对自己的员工工作状况做全面的阐述,还可以对相应的评分措施提出合理的建议。当介绍完所有细节之后,大家围坐在一起,相互之间可以随意进行探讨。随后,每一位领导者再针对员工的平时表现，进行初步的打分。当经过不间断的统计大家对每一个员工的最终评分达到一致时，才能确定员工的综合排名。

有些情况下，大家会讨论某个员工的晋升机会。一般来说，有关领导会将某个员工的工作情况拿到评分会议上，让所有领导者对他进行详细的评价和探讨。若他能委以重用，也便是所有领导者的一致决定。如此下来，能达到最公正、最合理的效果。

当初，卡莉还是员工时并不了解整个评分流程，总觉得这样的事情没必要拖延太长时间。但当她亲身经历后，才知道有些事做细做踏实了，是为了今后工作更加顺利。

在一次评分过程中，卡莉遇到了一些解决不了的难题。刚好，朗·凯特纳的领导小组在他们旁边。卡莉在几度犹豫下，还是硬着头皮向他询问了几个问题。

如果搁在平时，卡莉或许不会去找他。首先，他在整个公司的名声并不是很好，有些时候总讲一些不着边际的话。他说话也很刁钻刻薄，即便没人去招惹他，或许换来的仍是一声不冷不热的谩骂。

曾经，他颇具挑逗意味地对卡莉说，女人做销售，就应该经得起折腾。不论什么样的苦，都要扛下来。当然，如果去陪客户睡睡觉，也能卖掉所有产品的话，他觉得也未尝不可！

在卡莉的世界里，朗·凯特纳的言论就是一个笑话。她很少听进去，大多时候都是一笑而过。不过，这次卡莉在员工的打分和排名上，还真没有了主意。

卡莉从朗·凯特纳那里了解到，因为她刚上任不久，并不知道这件事的实质。实际上，这件事并没有那么简单。不论是打分还是排名，都不过是逢场作戏，无休无止的争论罢了。因为从来不会有一个人会'大公无私'到为了别人害了自己的，况且大公无私的后果只能是被人算计、被人利用，换不回任何好的结果。他还劝卡莉不要死板，如果想晋升就必须要学着随波逐流，好好发展自己的人脉。

卡莉被朗·凯特纳的话惊吓住了，她问朗·凯特纳，被评测的是不是自己的员工。而他的回答又让卡莉吃了一惊，他告诉卡莉，大家不过是为了互相帮助，为了彼此的利益交换。

听完他的话后，一向公正无私的卡莉被深深触动了。她万万没想到，公司内部竟会如此复杂和肮脏。也许，权利交换和人脉发展，已经渗透到各个领域。不论从事什么工作，也不管业绩做得好还是坏，所谓有能力的人，有不少是靠"狡黠"的伎俩上来的。不过，卡莉对权力的欲望并没有那么强烈，她十分反感依靠人脉爬上来的人，也对那些没有任何能力，却站在又高又至关重要的位置的人充满蔑视。

她一直认为，公平、公正的工作环境，才能够培养出一大批对自己有用的人。若依靠人脉和"欺诈"的手段而晋升，换来的也不过是几个臭皮匠，对公司发展没有任何作用。

卡莉思索了很久，决定走一条与别人不同的路。她要坚持公平正义，只按照下属的具体表现进行评价。无论是好是坏，卡莉心中都有一杆秤。如果别人想左右她的想法，妄图颠倒黑白，她绝不同意，而且会一直坚持下去，直到所有人不存在异议。事实上，卡莉在开测评大会的时候，总有一些人说得天花乱坠，以谋取自己的"私欲"。也有一些人随声附和，以抵抗卡莉倔强的决断。不过，这一切仍改变不了卡莉最初的决定，她坚定地认为，所有裁定的结果都问心无愧。

卡莉在开会的时候很少说话，大部分时间都用在了旁听上。总体上来说，旁听带给她的是观察和思考，也是对所有与会人员的整体洞悉。从一个又一个中层管理者的发言中，她逐渐体会到，有些人能晋升上来，依靠的并非是"真才实学"，因为在这么多人中，仍有不少狡诈虚伪、能言善辩的人位列其中。

所以，他们享受着平步青云带来的利益下，想继续往前走下去。殊不知，走得越远，攀得越高，就摔得越疼。

在一线经理中，很多人都具备晋升的潜力。那是因为他们都很努力学习，而且对工作忠贞不二，但是，在中层管理者中，却有很多不称职的案例。卡莉认为，他们不仅不配充当中层管理者，甚至都不能称之为合格的员工。

这些管理者大多都有一个毛病，就是很容易对员工形成"偏见"。实际上，偏见的方式有很多种，可无一例外的是，他们全靠自我感觉和"感情"打分。所以，无论员工业绩做的怎样，工作状态如何，平时犯错误的数量有多少，都不影响他在评估中的得分。尤其是那些能说善道，会迎合上司的员工，每次打分后的排名总能排得很靠前。

但如果员工本就不讨喜欢，或者平时不善言辞、独来独往的话，所得的分数排名往往排列在后。所以，如果一个管理者对某个员工一点都没好感，即便员工工作态度端正，他绝不会"大度"地赐予高分，甚至连谈起来都流露出不屑的神情。

因此，卡莉在经历一次又一次的会议后总结出经验：管理者的"人情分"在测评中尤为重要，而员工之间的工作能力较量被演变成"争宠"。管理者本身未必都比员工博学，也许只是依靠某次"测评会议"，在庞大的人脉支撑下才爬上来的。

卡莉的一身清高，也让她遭到了不少人抹黑。当然，这些抹黑的人无外乎一个目的，就是为了能拿到评分的第一。在公司中，卡莉是管理者中层，所以很多时候她也要接受评分和排名的讨论。尽管谙熟"官场"的卡莉知道这里面的水分，但她仍旧坚定地认为，必须坚持公道的裁决。

由于长期以来上司的位置空缺，所以，朗·凯特纳摇身一变成了地区经理。他在伙同其他地区经理开完测评会议后，脸色凝重地找到卡莉。朗·凯特纳告诉卡莉，虽然会议结束了，但他仍觉得有点不公平。因为对卡莉来说，这件事确实让她受了委屈。尽管大家一致认为，卡莉的评分是最高的。如果没有意外的话，她肯定是第一名。而且，卡莉在卫生与福利部工作的那段时间里，花费了不少心血，也取得了傲人的成绩。但在开会期间仍旧有人不赞同，他甚至执拗地认为他的手下应该是第一名。在大家都不同意的前提下，他就讲了不少卡莉的坏话，想以抹黑的方式赚取众人的打分。

卡莉知道了这件事后，不明所以地询问原因，没想到换来的居然是一个荒谬的回答。原来，那个地区经理谎称卡莉曾在他的手下工作，而且经常冒领别人的功劳，所以才晋升到现在的位置。他还告诉大家，卡莉只会逢场作秀，并没有真才实学。

朗·凯特纳的话让卡莉突然领悟到，有些人为了达到目的，不惜在背后中伤别人。虽然她对这件事并不关注，但也不能忍受旁人的诽谤。在未经思索之下，卡莉怒气冲冲地跑进地区经理的办公室，她只想把这件事说清楚，只想让他还自己一个公道。况且，他捏造一个根本不存在的罪名，严重损害了她的名誉，这本就是一个巨大的错误。

地区经理看到怒气冲冲的卡莉，整个人吓了一跳。他本想站起来，却不想卡莉说了一句"请坐下"，他才带着巨大的压力靠在椅子上。卡莉开口的第一句话就直截了当地问他，自己曾经有没有在他的手下工作，有没有惹过麻烦。地区经理立刻摇头否认，说从来没有过，还问卡莉出了什么事情。

卡莉没有理会他的询问，又问他自己有没有抢过别人的功劳。地区经理更是十分干脆地告诉卡莉，从没有这样想过。一番细致的交流，卡莉的心里已经有了肯定的结果。地区经理的污蔑是没有任何根据的，她无法容忍这种侮辱，更不允许别人胡乱评价。于是，她很生气地警告地区经理，如果下次她哪里做得不对，可以私下告诉她。但如果再这样恶意中伤，她绝不会罢休。

卡莉一口气说完心中所想，头也不回地走出办公室。在极度生气之下，卡莉浑身哆嗦。她不仅仅为这件事生气，也在为刚才所做事情的后果担忧。回到家中的那天晚上，她躺在床上再也睡不着。下午的一幕幕画面就像一场此起彼伏的电影，任凭她怎样努力遗忘，都无法抹掉已然的事实。

第二天上班，卡莉做好了受到处分的准备。不曾想，地区经理为了维护自己的名誉，竟然找到卡莉，而且说了一大通对不起的话。虽然他早已拿到第一名，但脸上并没有挂着欣喜，而是一阵阵隐隐翻涌的悔恨。

成见：跨越职权去自由表达

1983年，公司制定了长远的计划，要做大规模的调整。而这一年，也是卡莉最繁忙的一年。她开始花费大量的时间去和客户做沟通，无论是在技术层面上，还是在公司监管层面上，她都做了大量的工作。然而，令卡莉没想到的是，很多客户对公司的调整并不理解，也有一些人甚至出现了恐慌。

面对外界的质疑，卡莉设计了一副广告牌，形象生动地展示了公司未来的网络结构。她还几乎跑遍了美国各个分公司的办公室，用实际行动向他们证明，1984年1月1日注定是不平凡的一年。

没过多久，曾倡导"滚动计划"的上司得到晋升，主管公司的公共事务。事实上，这个职位相当重要，它担任着公司与政府在政策方面合作的桥梁作用。实际上，当时政府对AT&T的全面强制拆分已经展开。

1984年1月1日，AT&T开始了拆分。全国各个地区的电话公司就像雨后春笋般崛起，纷纷成立了"小贝尔"，主要负责本地电话业务。AT&T演变成AT&T长话业务部，也被称为"注册贝尔实体公司"，负责维持长话网络。AT&T的独立附属公司负责设备的销售。由此看来，拆分过程就像切开一整个西瓜，很快显现出裸露的外瓤。而整个电信网络，无外乎是本地和长话服务。

1984年初，卡莉的新上司突然找到她，说了一件令她又惊又喜的事情。原来，他想让卡莉换个岗位锻炼一下，并诚恳地询问卡莉有没有遇到合适的部门。

卡莉没想到新上司会如此热情，不仅时时处处考虑她的想法，还帮她考虑下一个工作的打算。其实，在做销售的时候，她就想尽最大努力改变自己。因为堵在死胡同里，一辈子终将会碌碌作为。她想学习更多的知识，而不仅仅局限在销售上。

在新上司面前，卡莉毫无避讳地说，她想进工程部里的准入能力管理中心锻炼。

听到她的决定，新上司一点都不理解。因为在别人眼中，那个地方糟糕透了。每周必须全天工作，而且每天都必须打起精神，一丝松懈都不能有。

想到繁重的工作，大家的第一想法就是退缩。但卡莉不这样认为，因为她发现了准入能力管理中心独一无二的作用。原来，这个部门是刚建立的，尤其到了1984年1月1日后，所有的规范化服务都要通过这个部门的审核处理才能实施。另一方面，它是AT&T的长话业务与小贝尔公司的本地业务结合部，每一个长途电话和电话中转过程，都要在AT&T的管辖范围之内完成。

卡莉所看重的恰恰是这一点，这也是她想调往那里的最根本想法。然而，部门的全新和工作的艰巨曾让不少动过此念头的人退缩，在上司看来，卡莉的选择既激进又冒失，他认为卡莉只是一时冲动，还想找理由规劝她。

新上司给卡莉一一列举AT&T公司的各个部门，他还以自己的亲身经历说教，想让她回心转意。不过，下定了决心的卡莉没有丝毫动摇的意思，她简单明白地告诉新上司，越有挑战，越有创新，她就越想去尝试。况且，若论以后的发展，新部门确实有无限估量的可能。

不久后，新上司给卡莉打电话，说已经帮她联系到了准入能力管理中心的经理。他还告诉卡莉，当向准入能力管理中心经理说明她的情况时，没想到对方很开心，并很真挚地告诉他，如今部门遇到了不少困难，任何一个能帮他们的人都是天降的福星。

准入能力管理中心的经理叫鲍勃·坎恩，他主要负责弗吉尼亚州奥克敦市的AT&T东部地区总部的工作。当卡莉离开政府通讯部来到新工作岗位的办公室时，没想到，一片混乱的场景就这样迎面扑来。

有不少人站在办公桌前，一边拍着桌子，一边大声叫嚷。也有的工程师抱着一摞资料四处跑动，有时飞过一两张资料单，却没有人帮他捡起来。当卡莉来鲍勃·坎恩的办公室报道时，才清楚地看到整个部门的现状。

原来，大家都在准备加班，而且一起奔着保质保量完成工作的结果去的。可事实上，没有哪份工作能做得足够漂亮。卡莉了解到，新部门的员工出错率特别高，而且大家常常为了推卸责任而相互吵闹。面对AT&T的分离，很少有人觉得是一件好事。尤其是工程师们，他们一致赞同，公司的拆分就是政客和公司高层之间做的白日梦。

卡莉熟悉了准入能力管理中心的工作后，鲍勃·坎恩针对卡莉的实际情况，决定派她到线路设计部门工作。表面上看，这份工作的分量不轻。她主要负责设计服务内容，并将工程蓝图发给实际服务的团队。很多时候，她也要与小贝尔公司合作，因此与客户之间的沟通交流比较频繁。事实上，她负责的工作起到架通两个独立公司合作的桥梁作用。

但往深处观察，卡莉却发现一切并没有那么简单。原来，鲍勃·坎恩将她安排到这个岗位其实大有深意。就目前的情况看，无论卡莉的能力有多么强，到了新的岗位就要从头学起。因此，鲍勃·坎恩安排她来到这里，正是基于卡莉聪明好学的本质。而且，这个团队的运作相对平稳，他考虑到卡莉对新接洽的工作不熟悉，特意给她增加了更多的学习机会。

刚刚上任，她以为会迎来一群不明事理的手下，哪知道大家都很健谈，并且介绍起工作情况来也相当的细心。可不管怎么，在工作面前，卡莉仍旧是新人。毕竟目前的卡莉还是技术门外汉，甚至任何事情都要向这帮手下"求助"。

在搬进新办公室后不久，卡莉很快将大家聚拢起来，准备开一个见面会。她之所以开会，除了起到相互认识的作用之外，她还想表明来这里工作的想法和目标。

卡莉观察了许久，发现有两个员工的性格很特别。其中，吉姆·普希奥达已经年过半百，性格很含蓄，又守旧。他平时常常觉得能力极佳，但又慨叹没有晋升的机会。所以在办公室，大家都很形象地认为他"怀才不遇"。

另外一个人叫卡罗尔·斯旺，是一个女工程师。相比较吉姆·普希奥达的沉默羞涩，卡罗尔·斯旺显得多了几分勇敢。在第一次见到卡莉时，她曾直截了当地告诉卡莉，依照她目前的工作状态，早就应该晋升了。

卡莉很清楚，她说的晋升无非就是得到自己目前的职位。可有想法归有想法，卡罗尔·斯旺在为人处世方面显得有点自负，纵然她勤勤恳恳，做起工作来也从不马虎。但独来独往和洁身自好的性格，让所有人对她都排斥。甚至当她遇到问题时常常无处求助，只能一个人默默承受。

考察了一段时间后，卡莉决定先从研究线路设置学起。所谓线路设置，就是团队为企业绘制的工程蓝图。她进行了几天的深入学习后，发现其中蕴藏着不少有用的信息。首先，工程师通过特殊的数字指示器识别有关的接驳站，还要对一些特定的线路和确定的里程数进行描述，所以，价格的设置税费自然而然地产生了。

有一天，卡莉询问所有员工，他们有没有注意到接入费用账单的问题。显然，她的提问令大家感到很诧异，因为账单从未出过错误。再者说，每个月的账单都会寄过来，大家粗略核对完后，再给他们寄去并让他们按照团队的记录收费。

但是，卡莉认为这件事没那么简单。因为越是大家容易忽略的事情，就越会出现巨大的漏洞。她开始查阅大量的资料，买了一些有关线路铺设的书籍做参考。很多时候，她也不知道自己在做什么，也许觉得很有意义，就坚持下来了。

经过长时间的验证，花费了大量时间进行推算，卡莉似乎找到了产生问题的根本原因。她发现有些员工的失误确实造成了不小的风险，要么无关紧要，要么损失巨大。她迟迟不敢相信验算，做了反复的检查，仍旧没有找到错误。

后来，卡莉请来了吉姆·普希奥达。她想依靠吉姆·普希奥达资深的工作经验和算术能力帮她解决这个难题。没想到听了卡莉的吩咐后，吉姆二话没说就答应下来了。为了防止吉姆工作懈怠，卡莉义正词严地告诉他，无论遇到多么大的困难，都要尽最大努力完成。因为这些账单关系着公司大量的资金，一旦算错，将会给公司造成很大的损失。

刚接到这个任务的时候，吉姆有点不以为然。他觉得卡莉多此一举，没有把工作态度摆正。不过他仍旧欣然接受，因为有人求助于他，总的来说是一件很值得高兴的事情。不久后，吉姆拿着演算了很多遍的草稿纸送到卡莉面前，很钦佩地告诉卡莉，这笔账单确实存在很大的隐患，如果能找到解决的措施，将会为公司省下不少的钱。

虽然卡莉和吉姆都对账单提出了怀疑，但两个人还是不敢确认，毕竟数目庞大，马虎不得。后来，他们找到了卡罗尔，想借助众人的力量做一次记录。没想到，最后的结果竟让三个人咂舌。仅仅一个月的时间里，公司竟然多给对方支付了近千万美元。很快，卡莉联系到大西洋AT&T那边的工作人员。由于负责大西洋AT&T接入账单的地区经理是卡莉的上级，所以他们发现的问题，必须找他纠正。

几天后，地区经理风尘仆仆地来到AT&T东部地区总部。在吉姆和卡罗尔的帮助下，卡莉成功向他展示了三个人核对的账目。如若在展示的过程中发现了错误，卡莉就在第一时间给他指出。每当地区经理有问题要提出时，卡莉还让吉姆和卡罗尔做记录。经过一上午的核对，地区经理完全被卡莉征服了，才无奈地对她说，他们是相信她的，并想知道他们目前能做什么。

卡莉毫不留情地说了两个字——"还钱"。

从这件事情上看，卡莉已经意识到公司很多钱都已经追不回了。

不过，尽管要不回，她仍想让大西洋AT&T认识到自己的错误。

因此，卡莉开始有计划地核对每一份账单。

这个工作量是巨大的，如果没有人手帮忙，仅仅依靠团队的成员根本做不到。卡莉考虑再三，将工作的严重性详细地告诉了鲍勃·坎恩。在征得上级的同意后，卡莉开始从外面雇用临时工，加上团队成员，一共有五十多人。

从资料库搬出几大箱文件后，大家马不停蹄地投入到整理文件中。面对枯燥的工作，且不说是临时工，单单是团队的成员都已感觉到扑面而来的压力。为了提高员工的积极性，卡莉常常向他们汇报公司挽回的损失。她用翔实的数据告诉他们，所有的付出都是值得的。果不其然，卡莉的方法很有效果。尤其当他们受到激励后，工作的效率得到大幅度提升。

在卡莉的统筹调查之下，鲍勃也认识到问题的严重性。他觉得有必要召开一次会议，将卡莉发现的问题公之于众，让更多准入能力管理中心机构的成员提高警惕。就这样，会议定在了新泽西总部。会议准备期间，鲍勃让卡莉准备好演讲词，生怕中途出现状况。等二人觉得没有纰漏时，才结伴来到公司总部。

然而刚踏进门，卡莉就感受到巨大的压力。那是一间极大的会议室，一张偌大的椭圆形桌子摆在中央，在椭圆长桌四周，坐满了出席会议的成员。

她顶着巨大的压力，在鲍勃的鼓励下开始了长长的演讲。又将这段时间整理的账单，还有上次与大西洋 AT&T 地区经理的谈话一一做了阐述。卡莉认为，账单的漏洞给公司造成了很大的损失，几乎达到千万美元的地步，所以，她才急着召开这样一个会议，希望给大家提供一个发现问题、解决问题的方式。

然而，卡莉的言论并没有引起他们的注意。有几个人甚至在中途毫无礼貌地打断了卡莉的演讲。其实，当他们听到卡莉的陈述时，虽然有的人已经察觉到了问题，但他们不喜欢承认，总觉得她发现了他们从未注意的问题是一种对自己的冒犯。

况且，在场的人身份显赫，个个都是她的上级，所以，当下属提出意见时，他们更多的是不屑，或者是不信任，有的还带有潜在的敌意。卡莉始终没有退却，她利用手中掌握的数据和验算结果，完美地完成了演讲报告。

介于鲍勃的威信，大家才开始重视这个问题。从之前的剑拔弩张，到随后的心平气和，卡莉始终觉得是鲍勃的功劳。如果不是他组织这次会议，不是他坐在会议桌认真聆听，不是他缓解了尴尬的场面，也许至今卡莉仍不敢在那么多上司面前郑重其事地做演讲。

当他们开完会议从新泽西回来时，满身疲倦的卡莉有点失落，她看不惯会场上某些上司趾高气扬的模样，也对随意打断她演讲的人充满了愤慨。

鲍勃看出了卡莉的心思，很智慧地告诉她，在那天会议上，很多人脸上都写着不屑。有些人还在心里嘀咕，认为初出茅庐的小姑娘什么都不懂，所以，他希望卡莉不要被异样的声音乱了自己的意识，否则就是满足了那些人的虚伪。

在与鲍勃漫长的谈话中，卡莉渐渐明白了，那些反对她的人并非不支持她的观点，只是在权力和公信力面前，丧失了自己的本性。就像鲍勃，他如果不够优秀的话，也做不到现在的位置。所以，她没必要垂头丧气，也没必要感觉愤愤不平。

卡莉开始蜕变，开始往更高更优秀的方向发展。

这年是 1984 年，卡莉刚满 30 岁。

她不甘于被别人戏称为"花瓶"，她开始一步步往实力派迈进。

她虽然在准入管理中心担任中层管理者的工作，但一次次的挫折让她学到了很多东西。尤其是鲍勃·坎恩的提携，在她今后的成长中产生了深远的印象。

有一天，鲍勃·坎恩在找卡莉谈话时简单明了地告诉她，公司有不少人没有把她往好处想，其原因就在于她是一个女人。在公司的领导和员工眼中，女人是没有能力干好工作的，因此，他希望卡莉不要灰心，希望她可以付出比别人更多的努力，打破原有的偏见，赢得那些反对者的尊敬。

听了鲍勃的话，卡莉的自信慢慢被点燃。她告诉自己，除了努力之外，还要学着忍耐。从今以后不论遇到多么大的困难，她都会努力克制，以增强自己的忍耐限度。

在准入管理中心工作期间，鲍勃·坎恩教会了卡莉一项本领。他告诉卡莉，非语言交际信号在演讲中起到至关重要的作用。如果把握不住，很有可能会失去别人耐心聆听的机会。因此，卡莉常常拿着表掐时间，在镜子面前反复练习。她的目标是二十分钟，她要用最大努力抓住对自己有偏见的人的心声。因为只有他们完全听进去，才有可能将原有的"偏见"化为"赞同"。

1984年夏天，鲍勃·坎恩收到邀请，要去外地参加为期两个月的高级管理培训班。他临走之前，将地区事务暂时交给卡莉负责。

可在鲍勃走后没多久，公司里就发生了一件大事。事情源自于一位趾高气扬的律师，当时他正处理大西洋AT&T的争端，在此之前，他也曾出席过新泽西会议。那段时间，他来公司主要的目的，就是希望卡莉能依靠现有的条件帮助处理他的案子。虽然他遇到的难题在卡莉面前并不困难，而且他们所做的事情也恰好能帮上忙，可他却没有耐心听大家讲完，常常一副傲慢的姿态，时而说出粗鲁骂人的话。

在炎热酷暑的夏季，卡莉的主要"敌人"成了律师。那段时间里，他常常来办公室骚扰卡莉，每次来都以自己的切身利益考虑。他甚至觉得，即便卡莉为了他的事情放下所有工作去跑腿也是值得的。

律师的傲慢与偏见，让卡莉恨透了他。后来，她干脆不再过问，任凭那个律师如何威逼利诱，卡莉都不予理睬。就这样，一个无休止唠叨的律师消失在卡莉的视线。

过了许久，卡莉以为整件事情就此终结了，不会再出现任何茬子，然而，令她没想到的是，好戏才刚刚开场。

那个律师开始骚扰吉姆，不间断地给吉姆打电话，甚至以粗鲁的话辱骂吉姆，说他是"笨蛋"。基于对工作认真负责以及性格的问题，吉姆没有反驳，却仍旧以温柔客气的话简单明了地回应了他。

他觉得从吉姆那里也问不出个所以然，于是又给卡罗尔打电话。那位律师的傲慢和粗鲁，让本就性格暴躁的卡罗尔十分厌恶。后来，他甚至想辞职，以摆脱那位律师的纠缠。

几天后，卡莉像往常一样来到办公室。没想到，她看到的画面竟如此狼狈。鲍勃的秘书和她的秘书坐在办公桌前掉眼泪，纸巾塞了满满一桶。她们告诉卡莉，那位律师刚才来过，而且上来就是一阵破口大骂，他说要找卡莉，即便掘地三尺，也要把她从地底下揪出来。

秘书们很惊慌，却不敢反驳一个字。因为那位律师的级别比鲍勃还高，如果惹恼了他，很有可能面临失业。大家都是熬过来的，谁都不愿意失去这份来之不易的工作。

卡莉一向有负责到底的决心，况且那位律师的态度早已深深惹恼了她。面对公司的窘境，她觉得有必要挺身而出，找时间给他打个电话将所有的事情说明白。然而，有些事并不是一句两句就能解决的，尤其像他那样高级别的领导，在身份上就已经给卡莉带来了巨大的压力。

后来考虑了很久，卡莉还是咬咬牙走进了鲍勃的办公室，她关上门，想了好大一会，才拿起电话按下律师的号码。

卡莉起先很委婉地告诉那位律师，他们这边的人因为他的骚扰而无法安心工作。没想到，那位律师根本不在意，反而以漫不经心的语气告诉卡莉，他只是一时恼怒，并没有伤害她们的意思。他还抱怨自己现在很忙，很需要别人帮忙。

卡莉再也压抑不住心中的火气，很气愤地警告他，不论怎么样，都需要他向受到伤害的女士道歉。不然的话，他从卡莉手中拿不到一个数据。而且从今以后，卡莉的员工也绝不会帮他一分一毫。

一番争论后，卡莉气愤地挂了电话。其实当说完后，她是有点后悔的。就像当初测评时，某个上司冤枉她，说了一大堆她的坏话，她直截了当地去上司办公室理论，以求找回自尊一样。这一次，她同样也在寻找自尊，而且是被上级践踏后，却不敢伸张的自尊。

卡莉告诉秘书，如果律师打来电话，说的话依旧像往常一样，自私、野蛮又带着粗鲁的语气。就直接挂掉，没必要委婉地多说一个字。当时，两个秘书有点惊慌，异口同声地问她，这样做会不会出事。卡莉很直接地回答，如果出了事情，她一个人承担后果。

然而，那天她没能等来律师的电话。办公室出奇得安静，而这样的安静让卡莉感觉到有点不安。因为越是安静，就越可能爆发不好的事情。可争强好胜的卡莉并没有改变自己的决定，她也没有给律师回拨电话，以乞求他的宽恕。

两天后，鲍勃的办公室响起了电话铃声。两个秘书听到了律师的道歉，虽然有点生硬，带着上司的阵阵威严，但仍旧摆脱不掉"屈服"的影子，因为在卡莉面前，他所有的放纵，都得学着收敛。

经过不懈的努力，卡莉的工作赢得了新泽西公司总部的重视。此后，公司决定要全部严格核查准入计费问题。

卡莉并不认为这是一件多么令人开心的事情，尽管她的努力赢得了上级的认可。但由此带来的却是铺天盖地的单子，也有一大堆数也数不清的表格。不仅如此，公司的高级主管还要求，让他们每个周都要做工作报告，以用来分析工作进展。

如果所有的表格对统计数据都有意义的话，或许还能激发卡莉奋斗的动力。但随着工作的进行，很多表格竟都是徒劳的。卡莉每天都有忙不完的工作，有时在办公室加班，有时回到家中，趴在厨房书桌上填写一个周的工作状况。

从此，每个周四的晚上都成了她最艰难的时候，熬夜计算、填写表格。有时凌晨3点钟她还在继续工作，因为卡莉知道一旦拖到明天，次日的工作很有可能无法开展。而且，她还保证每一个数据都是对的，若出现一个错误，所有的努力都会付诸东流。

随着工作时间的加长，吉姆和卡罗尔明显已经泄气了。他们发现，原本想帮公司节省开支，换来的却是无休无止的工作。如果说连续几天高负荷的工作强度仅仅是开头的话，那么他们接下来的工作将一如既往地繁重。后来，上司鲍勃·坎恩笑着鼓励卡莉，如果这份工作能完成，他们将会为公司节省数亿美元的开支。面对如此巨大的数额，他希望卡莉继续干下去，如果就此放手的话，所有努力都会顷刻间化为乌有。

鲍勃是了解卡莉的，她的要强和决心非别人能比。所以，面对浩大的工程，卡莉不会退缩。无论花多少力气，她都会选择义无反顾地完成任务。

渐渐地，一堆堆装满资料的箱子塞满了整个办公室。直到随着工作量的增加，办公室再也堆放不下。而且，他们的临时组员在公司的地下室工作，每天都有很多资料要处理。卡莉考虑了很久，最后打算将办公地点挪到地下室。

原因很简单，第一，办公室无法堆放如此多的资料。第二，资料箱放在地下室，方便随时整理，随处堆放，不必来回搬运。第三，不少临时组员就在地下室工作，交流起来也方便。

就这样，卡莉租来了大铁桌子，一群人挨个坐在一起紧张有序地忙碌起来。不过，工作一段时间后卡莉发现，如果一直这样下去，不少人的积极性就会很快被打磨光。如此，随之而来的将会是频繁出错的表格单，散漫无序的工作状态。

她考虑了很久，决定以竞争的方式激励员工士气。卡莉将目标锁定在其他地区的同事身上，她告诉每天疲惫不堪的员工，他们要成为全美国最优秀的准入能力管理中心，而他们的员工，将会是全美国最优秀的员工。因为他们的报告是最精确的，他们的工作是最精细的。不久，她将带领大家与大西洋AT&T叫板。即便大西洋想以各种方式搞垮他们，也找不出任何一个毛病作为借口。卡莉说，她相信他们工作团队的工作效率将会是最高的！

1985年3月，卡莉迎来了人生的又一个春天，她晋升了，而且再次回到政府通讯部门工作，担任那边的地区经理。在政府通讯部门，卡莉的任务主要负责最大的政府客户综合服务局，比起现在的工作，她将会面对更多的困难。

卡莉从没想到她会晋升得那么快，就好像一夜间从中层经理瞬间升到了地区经理。她的梦想快要实现了，仿佛近在咫尺，她本应该无比开心的。可卡莉在一阵欣喜后又陷入了莫名的失落之中，她似乎很忧伤，也似乎很不舍得。原来，卡莉一直想着念着一起并肩作战的伙伴们，毕竟工作了这么久，大家都建立了深厚的感情。所以当天回到家时，卡莉很感伤地对弗兰克说，她现在要去政府通讯部门工作，要担任地区经理。听到这个消息后，弗兰克无比开心。但他却没有从卡莉脸上看到笑容，反而看到她热泪盈眶。原来，卡莉一想到那群一起工作过的伙伴就会很伤心。她不想离开在一起工作了很长时间的朋友们，却也不得不往更高的平台上去求发展。

两天之后，卡莉最后一次来到她曾经工作过的办公室。经过一个晚上的思考，她决定与大家一一告别。卡莉首先见到的是吉姆，不知为什么，她总有很多话要跟她说。因为在工作中，吉姆是最忠诚，而且也是最投入的一个。两年来，吉姆给她提供了很多帮助，但凡遇到困难，她都会挺身而出。

当在办公室看到她时，卡莉忽然想起了很多零星的往事。想起曾经一起奋战的每一个目标，想起一起渡过的每一个难关，想起无数个夜里挑灯奋战的时光。再想到即刻的分别，两人竟都情不自禁地流下泪来。吉姆很感伤地告诉卡莉，她在贝尔工作了三十年，三十年来遇到了很多上司。但无可否认的是，卡莉是最好，也是最优秀的一个。

卡罗尔听到卡莉被调走，少女般感性的情结瞬间被激起。她不能控制地落泪，不能控制地哀伤，好一会，才颇为不舍地对卡莉说，不论历经多少时日，她都会永远想着卡莉。卡罗尔也毫无保留告诉了卡莉她的心事，那是两年多来她从未对别人提及，也从不敢提及的心事。原来，卡罗尔一直想要一个孩子，可一年多来，她没有任何怀孕的迹象。因此，今后她想把大部分时间花在照顾家庭和改善婚姻关系上，不想再做全职工作了。

听了卡罗尔的境遇，卡莉很关心地告诉她，世界上任何事都不是绝对的。她不希望卡罗尔牺牲自己的家庭，进而变成一个连自己都不喜欢的人。她鼓励卡罗尔在黑暗中找到代替阳光的东西，鼓励她看开一切不如意，向着快乐和轻松迈进。

当说完这些话后，卡莉心中忽然积郁了千般万般的不舍。她深深地拥抱了卡罗尔，两个人好像患难与共的战友，久久不忍分别。

卡莉跨职工作一年来，学到了很多东西。她开始懂得，有很多东西不能急于求成，越是想尽快得到，就越容易出现漏洞。所以安安稳稳做好份内的工作，将所有细节都处理完美，换来的才是一个美好的结果。在卡罗尔的启发下，卡莉逐渐了解到，安排好自己的生活比得到公司的职位更重要，因为越往高处爬，就越能体会到高处不胜寒。当自身问题完美解决后，才有足够的精力去面对以后的大风大浪。

卡莉一直不断挑战自己，也不断摸索新的路子。她始终觉得，在准入管理中心工作期间，跨越职权去自由表达的工作方式为她赢得了人生的光彩，也为今后的成功打下了良好的基础。

领悟：成熟就是学会收起眼泪

从准入管理中心调转到政府通讯部门以后，卡莉开始面临全新的工作环境。她所领导的是综合服务局，其职能主要是维持整个美国巨大的通讯网络和电话交换系统。实际上，综合服务局在联邦政府中占有重要的地位，它是管理民用机构设备采购的职能部门，还给政府机构提供数据和语音通讯服务。

卡莉上班的第一天，就听到一个巨大的传闻。原来，综合服务局要放出新的采购招标书，据说这个招标书的名字叫FTS2000。当时有传言说，如果有哪个公司能拿下这笔单子，就能够给联邦政府提供电话服务15年，也就是一直延续到2000年。而且，这个项目价格不菲，有250亿美元的市价。因此，无论是哪一家公司，看到如此庞大的数额都会心动。

但卡莉是第一天上班，因此对这些东西一窍不通。她只知道所领导的综合服务局主要做什么工作，却不知道如此庞大的一笔单子，究竟蕴含着怎样的价值。然而，令卡莉吃惊的是，她的新上司似乎对综合服务局的具体情况也不了解。

卡莉的办公室很大，这是她从事工作以来，唯一一次拥有自己的办公室。而且她有一个庞大的团队，相比较以前只领导四五个人，而今的她已经可以号令60人了。按照以前的习惯，但凡到了一个新的工作环境，卡莉总是要一一询问员工的工作情况，可现在的情况是，一些中层经理并不喜欢她这样做。

经过沟通了解得知，中层经理很希望与卡莉之间形成对话，而并非他们各自的员工。毕竟卡莉是地区经理，所管辖的范围很广，不可能对每一个员工的工作都了如指掌。而中层经理的作用，正是起到桥梁作用，他们将卡莉发布的信息做好整理，及时传达给下属。

当然，并非所有的人都对卡莉言听计从。毕竟她很年轻，与公司很多员工的年龄相差无几。况且，她还是一名女性。

在所有员工中，最不把卡莉放在眼中的人叫伊桑·唐斯。他的年纪比卡莉大，但棱角分明的外表却显现不出那份苍老，反而透露着一丝英俊的气息。伊桑·唐斯来综合服务局工作很长一段时间了，他主要负责客户工作，而对于"新兴的行业"，常常肩负着模棱两可的责任。

FTS2000的信息是卡莉从伊桑·唐斯那里听到的。事实上，也不能算是听到，只能算作"套"出来的。由于卡莉刚上任，便向他咨询了很多问题。没想到，在一连串问题的咨询之下，她才从中得知如此巨大的信息。或许，卡莉没有问及，他可能至今都不会透露一个字。卡莉很郑重地问他，到底有没有准备好这个单子。从伊桑·唐斯那里得到的答案依旧斩钉截铁，他说早已经准备好了，最近正打算去新泽西与一些网络规划商洽谈，他还得意地让卡莉放一百二十个心。

尽管伊桑回答得很干脆，但他的准备明显不足。由于卡莉刚刚上任，有很多活等着处理，所以她便没有追问伊桑的计划。可万万没想到的是，仅仅几天之后，当卡莉再问他时，伊桑却表现出一副满不在乎的样子。卡莉怒火中烧，她已经感觉到，如果只让伊桑负责，也许这个单子将会出现很大的问题。

后来，卡莉开始让伊桑安排出差计划。她很明确地告诉伊桑，这次去新泽西她也要跟着。显然，伊桑并不同意，他费尽心力地规劝卡莉不要去，还说她去的话要办一大批后期手续，实在太烦琐了。然而，倔强的卡莉怎么会同意他的想法？况且，伊桑办事充满了未知性，如果她不去，不知道会引来多大的祸端呢！卡莉没有丝毫犹豫，果断地告诉伊桑，她无论如何都要去新泽西与客户碰面。

事实上，当真正来到新泽西时，所有的一切并非她想象的那般美好。伊桑在会议中显然占据了主导地位，他没有让所有人员自由交流，反而总是一个人抢着回答。在整个交流会议中，伊桑已经成为新泽西和华盛顿之间唯一进行信息沟通的桥梁。不论是新泽西方面出现了问题，还是华盛顿方面存在问题，大家所面对的只有一个人，就是伊桑。

在卡莉看来，伊桑垄断信息的水平很高。他之所以这么做，要么有发展自己势力的嫌疑，要么就是为了过滤掉无用的信息，及时传达有用的信息。可不管是哪一种，这样的垄断总会给公司带来很大的麻烦。

后来，在出差回公司的路上，卡莉总觉得有必要向他说一下互相分享信息的重要性。如果因为他，公司失去了250亿美元的单子，那将会造成很大的损失。而这样的损失，并非是他们两个可以承受的。所以，基于对大局的考虑，卡莉很委婉地告诉伊桑，她很明白他的心情，也知道他迫切想成功的愿望。但是个人英雄主义并不能解决任何事情，反而会因为一个人的狭隘葬送了很多机会。

那次谈话，并没有彻底改变伊桑的观念。卡莉从他脸上看到了不悦，甚至还露出一些的不耐烦。之后的日子里，她频繁找伊桑谈话，本想改变他的工作状态。然而几天下来，从伊桑嘴里套出来的，依旧是自信满满的誓言。

如果一直这样下去，综合服务局的这笔生意很有可能出现乱子。

卡莉认为，她是整个部门的领导，对这笔生意有不可推卸的责任。因此，几经思考之下，她在心里已经做出了决定。

周二下午5点钟，卡莉把大家叫进办公室，准备开一次会。其实她心里清楚，这场会是专门为伊桑准备的。甚至可以说，是伊桑交接工作的会议。

卡莉平时开会总会和大家保持很近的距离，或是拉一张椅子与大家围在一张圆桌上，又或是走下办公椅与大家近距离的交流。但这一次，她改变了往常的习惯，将椅子故意拉到靠近办公桌的位置。她要让伊桑意识到，接下来自己所说的任何一句话都带有一定的权威性。

卡莉知道他喜欢橄榄球，决定以橄榄球为例子，慢慢引出她要传达的意思。

"伊桑，听说你平时很喜欢打橄榄球？"

"是啊，卡莉，很喜欢。"

"那你应该知道，打橄榄球讲究的是队员与队员之间的相互配合，缺少哪个人都无法完成比赛。然而橄榄球赛中只有一个很重要的位置就是四分卫。可不幸的是，这个位置只能有一个人。伊桑，你知道四分卫的作用是什么吗？"

"四分卫是组织进攻的。"

卡莉淡淡笑了笑："没错，是组织进攻的。所以，其他队员就应该摆正自己的位置。伊桑，在综合服务局的这笔生意中，我们每个人都有自己的位置，而四分卫的位置是我，不是你。所以，如果你一直抢占这个位置，最后弄巧成拙的话，我想你不如提前走人吧。"

伊桑听到卡莉的话后，很长时间没有缓过神来。不过，他毕竟在公司工作了很长一段时间，也培养了良好的职业素养，所以，对于卡莉提出的要求，伊桑并没有做出激烈的辩驳；相反地，他很有礼貌地对卡莉说愿意接受安排。

事实上，卡莉很感激他为公司作出的贡献。如果不是因为这件事出现分歧，也许他们会是很好的合作伙伴。出于对伊桑的关心，卡莉为他找了一个新的工作岗位，并与他商量好周末进行工作交接。两天后，办完伊桑的离职，卡莉很快给公司总部网络规划部的经理打了电话。因为此后的工作她要全权参与，所以必须向他们说明这里所发生的情况。

没想到，卡莉从这位经理口中听到了非常释然的声音："卡莉，我始终不知道你办成这件事要花多长时间，好在你办成了。"

实际上，卡莉也从这位经理口中听到了一丝喜悦。她心里明白，这位经理其实也想赶走伊桑，只是出于过程的烦琐（伊桑离职后还要给他找一个新的岗位），所以迟迟没有动手。另外，他很开心卡莉能成功接手这项困难的工作，因此总体上是很满意的。

从此以后，卡莉的生活变得繁忙起来。她每天长时间地埋在资料库中，了解很多对今后工作有用的信息。随后，她还要介入伊桑之前的工作，开始与公司总部的网络规划部进行定期的会面。与此同时，综合服务局的工作人员也在有计划地开始与竞标方碰面，而这次碰面主要是针对那笔大采购案的初步设想所进行的。

关于这笔大采购案，有不少公司虎视眈眈，他们恨不得立马就拿到手。其中，航空公司就有这样的打算，因为他们拥有核心的系统集成技术，这对于如此复杂的项目来说确实至关重要。其次，还有七个小贝尔公司和 GTE 公司竞争。虽然卡莉一向对自己充满自信，但这一次她确实感受到了扑面而来的压力。

不过，从来没有困难能让卡莉屈服，前方越曲折，她越想尽最大可能拿下高地。因此，她开始不断地学习，不断地扩充自己的行业知识。过了没多长时间，卡莉觉得自己对综合服务局的了解已经远胜于公司的任何人。只是目前来说，她仍旧有不少问题无法解决，甚至迫切需要别人的帮助。

就这样，迈克·布鲁纳悄悄走进卡莉的世界。他是主管政府通讯的执行副总裁，拥有资深的阅历，而且平易近人，信念强烈。在对待工作方面，迈克·布鲁纳从不含糊，他的热忱甚至有点过了头。所以，他对很多事常常尽十二分的心，有时会因达不到工作要求而急不可耐。

卡莉成了迈克·布鲁纳办公室的常客，每次来她都会带着很多解决不了的问题。事实上，迈克·布鲁纳是卡莉的上级，由于他平易近人，笑容可掬，所以给卡莉留下了很深的印象。

卡莉与莫妮卡·阿凯姆波特是在迈克·布鲁纳的办公室认识的。莫妮卡·阿凯姆波特是迈克·布鲁纳的秘书，长得特别漂亮，拥有一副傲人的身材。但她从不孤傲行事，反而常常带着笑容，总能让人体会到如沐春风般的亲切感。卡莉一直觉得，能和莫妮卡·阿凯姆波特交朋友是一件很开心的事情。因为她认识很多公司的高层，在社会上的人脉也很广，所以，她的出现为卡莉以后的工作埋下了良好的伏笔。

有一段时间，卡莉想找迈克帮忙，然而预约了好几次都没有见到他本人。渐渐地，卡莉有点失望了，她甚至认为自己的频繁到来可能激怒了工作繁忙的迈克。好在有莫妮卡·阿凯姆波特，她看到卡莉锲而不舍的精神，每每乘兴而来，之后又郁郁而归，就给卡莉出主意，希望她悄悄溜进办公室，到了晚上请迈克吃顿饭，这样的话成功就大有可能。

卡莉一开始并不知道莫妮卡的想法，她甚至觉得请迈克去喝杯饮料反而有点"搞笑"，因为卡莉很少为了谈工作的事情而主动请上级喝饮料，一般来说，她都喜欢在办公室直截了当地解决工作上的问题。

不过，莫妮卡的方法也有点效果，至少能单独约迈克聊天，而且没有别人（公司的人）打扰。卡莉在公司大楼后面找到一个酒吧，当晚，她约迈克去酒吧喝酒。两人坐在一张小桌子旁，她本想切入正题，将话题抛给迈克。哪知道酒吧的音乐声很嘈杂，卡莉只能抬高了嗓门，依靠喊的形式与迈克谈话。纠结了一会，卡莉有点无可奈何地告诉迈克，他们极想拿下FTS2000这个项目，不过想要拿下来并不容易，因为很多细节都需要他的帮助。况且如今卡莉遇到了极大的麻烦，而这个麻烦只有迈克能帮她。

迈克被卡莉的真挚情感所打动，不过他并没有参与整件事情，所以无法帮助卡莉太多。但迈克许诺，有什么好的想法都可以提出来，他能帮的一定会帮。

卡莉见迈克开门见山，便直截了当地告诉他，他们急需要一个副总裁管理这笔生意。而这位副总裁的作用主要是与总部做好沟通，让总部完完全全支持并融入到这个项目中来。并且，副总裁还要与新泽西方面熟悉，甚至是他们值得信赖的人。卡莉认为，这个任务只有迈克能办到。因为他在公司有强大的人脉和关系网，与此同时也知人善用，在外有良好的口碑。

面对接踵而来的困难，卡莉决定硬着头皮求助迈克。对于卡莉来说，公司的目标主要是产生绩效，所以，任何个人的私心在公司的利益面前都应该放弃。她慢慢体会到，公司的目标远远比一个人的野心还重要。因此，如果不能实现公司的目标，倒不如换一份别的工作。

实际上，她找迈克谈话，又请他找这笔生意的负责人，正是出于这个目的。

卡莉和迈克在酒吧谈了足足有一个小时，在她的软磨硬泡之下，迈克终于答应了她的要求。也是从那时开始，卡莉和迈克的友谊才真正地建立起来。虽然当天在酒吧聊天本应该很轻松的，但一谈起公事，他们俩就显得极不自在，以至于后来回忆起来，两个人总是面对面哈哈大笑。

迈克回到总部后，首先与董事会的主席还有他的同事见了面。他向大家提出的第一个要求就是要调遣一名副总裁来负责这笔生意，而且还要让其他几个部门的主管全力配合。就这样，在迈克的支持帮助下，卡莉很快组建了一只强大的队伍。

不过，强大的队伍也不是十全十美的。卡莉渐渐发现，队伍中每一个人都有自己与众不同的想法。所以每当她下达一个新命令时，大家往往都是各执已见，没有统一的答案。尽管后来卡莉能把握住方向，不让问题跑偏，但她仍然觉得，统一大家的步调，加快工作进程，是一件特别困难的事情。

后来，团队迎来了新任的副总裁卢·戈姆，他为人很谦和，工作也很认真。卡莉认为，他是几个备选副总裁中最能胜任这项工作的人，因为在之前的几年中，卢·戈姆是公司中晋升最快的员工，而这次出任副总裁，也是他第一次担任如此高级的管理职务。

面对新的机遇、新的挑战，卢·戈姆表现出从未有过的热情。他迫切地希望能借助这个平台，不断提高自己的能力，不断发展自己的人脉。很快，在卢·戈姆上任后不久，卡莉一行人就去波音公司进行谈判。当然，这里所说的谈判其实是向对方取经。

波音公司拥有移动通讯部件，而这种部件恰好是FTS2000的核心元素。事实上，AT&T内部恰恰缺少程序管理技术，所以这项本领必须向波音公司学习。然而，两家公司的合作并非那么容易，因为卡莉迫切需要得到AT&T高层和波音公司高层的支持。

后来，卡莉决定让两个公司的高层见面。她想通过彼此之间的深入交流，达到相互合作的目的。因此，白天的会议进展得很顺利，大家滔滔不绝地陈述，纷纷发表自己的意见。也有的人很认真地聆听了卡莉的演讲，及时做好记录。波音公司一位最年轻的主管很欣赏卡莉，她觉得卡莉极其优秀，甚至是她见过的最优秀的女管理者。在会议室，卡莉精彩的演讲和敏锐的思想影响着波音公司的每一个高管，他们被卡莉的市场理论和与客户的交流方式深深吸引。

卡莉很感谢主管的称赞，同时也很乐意与他谈谈自己的策略。没想到，卡莉还没有说到一分钟，就听到了主管哈哈的大笑声。他打断卡莉的陈述，反而笑着扭转了谈话主题。令卡莉意外的是，这个主管竟然来了个三百六十度大转弯。他不先过问卡莉所谈的策略，反而警告她不要参与到陈述中去。为了调节氛围，这个主管还告诉她，有不少女孩因为承受不了压力，从而丧失了原有的风度。他希望卡莉去家中陪陪孩子，陪陪老公，没必要把时间浪费在不该浪费的事情上。

卡莉听得出来，他分明是在嘲笑自己。卡莉的脸一下子红了起来。她仿佛觉得在场的所有人都在笑她，便有点不好意思地辩驳说，无论发生什么事，她都不会有失风度。

卢·戈姆见卡莉被别人围攻，很客气地帮她解嘲，他说他认为卡莉比这里的每一个人都有风度。

在这次聚会之前，卡莉就听别人说过，波音公司的两个主管的脾气向来都是喜怒无常，一般很少有人得罪他们，大多数人都选择忍气吞声。相比较卢·戈姆的沉稳内敛，卡莉明显表现得少了风度，不过那天晚上，她也顾不上风度了。

令她没想到的是，波音公司的主管特别八卦。他似乎一开始就抓住了卡莉的私生活，先问她丈夫的工作状况和兴趣爱好，随后又对他们的婚姻情况和生活状态喋喋不休，但是，他仿佛对别的男同事的私生活没有太大兴趣，也从不过问他们的妻子和婚姻。最后，卡莉被这位主管逼到无话可说，就找了一个借口去了外面。面对刚才的提问，她突然感觉像是一种羞辱。因为在整个过程中，波音公司的主管从未提及任何关于工作的事情，仿佛他的脑子里只有别人的私生活，就像追踪电影明星的狗仔队。

卡莉站在停车场大哭起来，也许没有人，所以她才敢肆无忌惮地表露情绪。自从参加工作以来，她觉得最受侮辱的事情就是别人说一大堆无用的话来损害她的人格。事先，卡莉从未考虑到会出现这种突发情况，如果有的话，也许她可能选择不来。

从停车场哭完后，她带着没有擦干的泪痕回到聚会桌边。那位主管可能发现了卡莉的变化，便很敷衍地向她道了歉。纵然此后大家依旧有说有笑，可卡莉却很难融入进去，她感觉到压抑，也有种喘不过气的无奈。从今往后，每当看到那位主管的模样，她就会感到翻江倒海的恶心。

回到家里，卡莉仍旧抑制不住难过，就给卡罗尔·斯普瑞尔打了电话。她想从卡罗尔那里得到安慰，也想知道如果这件事发生在她的身上将会如何处理。没想到，卡罗尔的答案充满了讽刺和调侃，她说："卡莉，你应该郑重地告诉他：'你又不来月经，日子可比我们好过多了。'"听到卡罗尔又急又气的声音，卡莉心中的气愤渐渐释然。

那天晚上，她一个人蒙在被子里哭了很久。一句句刺入心窝的话，她想起来都疼得难受。不过在一番挣扎后，卡莉还是坚强地做了决定，因为她心里清楚，无论自己遇到怎样的问题都不能以软弱的状态示人。况且，别人的偏见有时会给自己带来巨大的压力，而这样的压力却对她的工作没有任何帮助。卡莉发自内心地告诉自己，她必须为自己而活，不能陷入别人设计的圈套中；否则，总有一天她会被公司解雇。

直到后来很多年，卡莉才体会到，有些眼泪不能轻易地流。一旦因为工作上遇到的不顺和烦心流泪，就会被突如其来的各种挫折所打倒。因此，从1986年以后，除了世上存在的真情之外，再没有任何事能让她落泪。

第四章

领导风格
像男人一样去管理

决心：能赢是因为选择了赢

250亿美元的生意，不论对于哪一家公司来说，都是一笔巨大的款项。而事实上，越是存在诱惑，就越会带来腐败。因此，有不少综合服务局的官员和厂商被这笔钱引诱，进而做出令人咂舌的事情。

确定接手FTS2000的工作后，卡莉所带领的综合服务局面对着很多问题。因为对接FTS2000的承包商要用几年的时间，而将整个网络完善又需要更多年。就在卡莉正要自信满满地开展接下来的工作时，一个突如其来的事情让他们有点手足无措。

原来，当综合服务局决定要发布一项招标网络中所有交换中心的临时计划时，他们的全部交换中心突然全部放弃了，更令人气愤的是，全部交换中心被本地的电话公司拾起，并且他们开出的价格具有很强竞争力。

经过不懈的调查，卡莉从中了解到，这件事情存在着不良的交易。只可惜，他们始终没有找到证据，也无法揭发谁在撒谎。后来曾有媒体报道说，他们进行的是毒品和性交易。正因为这件事的风波来头不小，所以使得不少人丢了工作。

在AT&T看来，他们正在考虑要不要控告综合服务局的客户。甚至在想，有没有必要将综合服务局的抗议上升到法律层面上。当时的美国联邦采购法有规定，商家能够对联邦政府的采购决定提出抗议，只不过需要特别法官受理诉讼案件。所以说，采购决定有可能被推翻，也有可能维持原状。

如此重大的事情让一向充满睿智的卡莉也遇到了瓶颈。纵然这是一笔存在腐败的交易，而且卡莉随时有可能丧失赢取FTS2000的机会。但公平正义的口号无时无刻不在她的心中翻滚，她曾想，即便是输了，也总比狡诈虚伪的那群人来得有价值。

没过多久，公司总部终于按捺不住性子，派遣了一队律师过来。当时，卡莉的团队正在负责FTS网络的工作，所以，采购事宜的重担就压在了她的身上。面对突如其来的律师队伍，她很热情地进行了接待。随后，卡莉向所有人介绍了他们所看到的情况，又将整个过程描述得很细。没想到政府通讯部门的律师哈里·卡尔坚持认为，从整件事的发展来看，他们必须要起诉。哈里甚至肯定地说，如果这场官司能打下来一定会赢。

从总部调来的律师队伍中，有一个人叫约翰·泽格利斯。他是整个队伍的领头人，也是一位身经百战的资深律师。当听了卡莉的描述后，他也很坚定地认为，这场官司必须要打，而且应该打得漂亮。

就这样，卡莉在职业生涯中第一次出席了法庭。后来她总是形容，那一次上庭特别惊心动魄，以至于放在桌子下的双脚哆嗦个没完。尽管以后的她也曾出席过类似的场合，却都不像第一次这么可怕，这么不安。

卡莉出席的是综合服务局官员们作证的会议，当时，坐在她对面的正是平时卡莉自认为最了解，也最信任的合作伙伴。卡莉从未想到有一天会和他们对簿公堂，而且听到一系列不可思议的谎言。年轻的时候，她总是怀着一颗善良的心，认为身边的人不会做出太出格的事情，顶多只是撒个谎。但随着时间的积累，卡莉渐渐发现，有些谎言不仅仅是为了抹去工作上的污点那么简单，他们正向着犯罪，向着贪梦迈进。经历了这件事情以后，卡莉突然意识到，她再也不能随意相信任何人，应对身边的人做好防范。

卡莉这边的负责律师叫斯坦利，开庭之前，他让卡莉全身心投入到案件的整个过程中来。而今，当看到坐在法庭中的卡莉时，斯坦利突然有点紧张。因为他心里清楚，卡莉是整个团队的核心人物，而且她也是主要证人。如果有任何负面的情绪使她乱了心神，都将会给团队和公司引来更大的麻烦。

然而很多情况并不容乐观，有7个采购成功的小贝尔加入到了综合服务局的阵线。从今而后，这将变成一场惊心动魄的较量，把原本一对七的局面，迅速扩展成一对八。不过，巨大的压力并没有把卡莉拖垮，她反而顶着狂风暴雨始终坚持一步一个脚印地迎上去。

这时，媒体的视线紧紧锁定在250亿美元巨额采购案上。不久，铺天盖地的报道随之而来，紧接着还有一段段有关采购案的分析报告。如此多的报道并没有给卡莉的团队带来好处，反而时不时传来很多负面情绪。一天早上，卡莉来公司上班，突然看到桌子上放着一沓报纸。她读了好一会，发现《华盛顿邮报》、《纽约时报》、《华尔街日报》的头条新闻报道的居然都是他们。

在媒体的一再"炒作"下，综合服务局的人也跟着穷追不舍，说卡莉团队的员工行为不雅。顿时，社会舆论就像一枚炸弹在卡莉团队周围炸开了花。虽然大家都很气愤，但是没人敢有太过激烈的反抗，因为他们害怕将整件事推入深谷，从而引起更坏的后果。卡莉认为，她的同事本身没有犯错，没必要承受无来由的辱骂。因此，卡莉郑重其事地说："我们不该如此沉默，不然反倒让别人以为我们怯懦。如今，我们需要积极而主动地回应，以捍卫我们的自尊和名誉权。"

卡莉所说的主动出击，就是开一场新闻发布会。她认为，与其让记者抹黑，倒不如以当事人的形式公开辟谣。因此，她很快找到了卢·戈姆和迈克，想征求两个人的同意，还打算拉拢一批人一块参与。但令卡莉没想到的是，他们做不了主，甚至他们说还要向AT&T总部请示。

在卢·戈姆的办公室里，卡莉与公司副总裁兰达尔·托拜厄斯还有公共关系执行副总裁玛丽莲·劳里见了面。针对召开新闻发布会的问题，卡莉第一时间表了态。她认为，面对媒体的质疑，就应该以铿锵有力的事实进行回击；不然，会有更多的麻烦纠缠他们，也会动摇人心。

虽然兰达尔·托拜厄斯和玛丽莲·劳里曾参与过不少新闻发布会，但这一次她们打算让卡莉唱主角。因为这件事除了她，没有人能说得更清楚。况且，卡莉的"才能"众所周知，对于记者刁钻的提问也能收放自如。

有一天，兰达尔·托拜厄斯找到卡莉，她恳求卡莉主持新闻发布会，虽然他们是公司的主管，但在这件事上，没有人能稳住大局。卡莉明白兰达尔·托拜厄斯的意思，况且，新闻发布会的主持如若换作别人，也不一定能说出她心中所想的事情来，于是，卡莉很坚定地答应下来。

这次的新闻发布会和以往相比，出现了很大的翻转。以前，AT&T都是将新闻发布会安排在五层的一个大的会议室中。紧接着，总裁级别的人物站在讲台上发言，下方坐着的全是一排排记者。而今，为了让新闻发布会拉近与记者之间的距离，卡莉和公司的华盛顿新闻部负责人赫伯·里宁共同认为，需要将讲台抬下来，与记者进行面对面的交流。

当真正置身于发布会现场时，卡莉的紧张情绪还是被点燃了。面对人头攒动的记者，联想到一篇篇即将出炉的报纸，她的心情仿佛被火势包围，处处充满了危机。不过，卡莉又是一个极其能调节情绪的人，每当想到扑面而来的记者，她就刻意让自己短暂性失忆。她努力提醒自己，他们不过是前来向她咨询问题的朋友，这将是一次与朋友面对面的对话，所以并不需要刻意压抑。

由于是第一次开新闻发布会，所以卡莉表现出的仍旧是新人"青涩"的模样。她先与记者一一握了手，而后向他们做了自我介绍。随后的整个流程与其他发布会没什么两样，先是卡莉陈述，将向综合服务局的抗议原因，还有同事被指控的情况一一罗列。等全部介绍完，余下的就是记者的提问。

那天虽然是卡莉第一次面对"媒体"，但她却学到很多东西。也正是基于这些有用的信息，才对她以后的发展产生了不可磨灭的影响。

没过几天，庭审召开了。卡莉和团队的成员如约来到法庭，也见到了曾经很好的"合作伙伴"。经过简单的开场，差不多到了早上8点15分，才轮到卡莉发言。在没有经手这场官司之前，卡莉从来没有上过证人席，也不曾在法庭宣誓。她甚至觉得，那样的位置距离她很遥远。不过，在斯坦利·迪斯的帮助下，卡莉的士气还是受到了极大的鼓舞。

虽然综合服务局的对手掌握了卡莉几乎所有的资料，甚至对她个人也格外了解，但卡莉明显不怯懦，在斯坦利的帮助下，她接连提供了4个多小时的直接证据。她也知道，在她背后更有8个律师保驾护航，如若遇到问题，他们可以马上为卡莉解决。

卡莉奋战了很久，直接作证也进展得很顺利。在法庭上，她一边很认真地聆听了对手律师的提问，一边思前想后，对所有的问题作出巧妙的回答。有时，她害怕被别人绕进去，曾一度小心地回答，甚至每个字都在脑子里过一遍再说出口。接连几个回合下来，卡莉发现了一个问题。对手律师表现得异常特别,每当卡莉回答时,他们都会掺杂愤慨的情绪作辩护。

这一天的出庭,惊动了不少公司的高层。在台下的看席上就坐着迈克·布鲁纳的上司汤米·汤姆森。后来散会时,他曾告诉卡莉,他这次来正是为了给他们加油,也可以算作精神上的支持。所以,每当卡莉的视线落在他们身上时,就会被巨大的压力环绕。渐渐地,她在自我安慰中终于找到了缓解压力的方式:努力把视线定格在法官身上,不被任何外在的因素干扰。

在轮番的提问下,直接作证环节总算画上了圆满的句号。站在证人席上,卡莉看到了斯坦利脸上洋溢的笑容,可她却没有感受到丝毫开心。因为她太累了,而且是身心俱疲。斯坦利告诉卡莉,就目前的情况看他们必须乘胜追击。所以,他希望卡莉再接再厉,不要气馁,最好将交叉盘问一口气拿下来。就这样,卡莉与综合服务部一连几个小时的对峙被拉开。

首先进行提问的是综合服务局,他们翻阅了卡莉很多的日程安排,发现有一个名叫"吉姆·奥尔深"的内容颇为抢眼。后来,他们打算以这个内容作为切入点对卡莉进行提问。

令他们想不到的是,卡莉对这件事了解得很透彻,甚至为她释放了不少压力。

原来,卡莉曾跟着卢·戈姆去过董事会主席办公室,会见的正是综合服务局提到的那群人。那天,吉姆·奥尔深要与AT&T的12位高管开例会,他们开会的内容,实际上就是FTS2000的发展策略。

上次与他们接触是卡莉和迈克去新泽西会议,当时她只是充当助手的角色,并没有真正意义地参与到会议中去。而今跟着卢·戈姆会见他们，卡莉仿佛感觉到又是一个助手的工作，所以她准备在会议室门口坐下，静静等他们开会，以便应付不时之需。

令卡莉出乎意料的是，片刻之后，卢·戈姆从办公室走出来，示意让卡莉进去开会。要知道，这是公司的内部会议，而且算得上很高端、很私密的会议，因此，参加会议的大多都是公司的高层，卡莉的级别明显不在其内，在这场会议上，卢·戈姆向她介绍了吉姆·奥尔深。

当卡莉随便找了一个位置坐下时，吉姆·奥尔深很客气地对她说："卡莉，你把椅子往前拉拉，坐在桌子边上，离那么远很难听得清楚。"说完后，他还向卡莉指了指他左手边的位子。正是在这样的小举动的感化之下，让一向神经紧绷的卡莉突然释放了压力。她第一次感受到高管带给她的温暖，也是一种把她当作自己人，没有任何防备的信任。

综合服务局也许从这场会议中发现了疑点，所以才对卡莉喋喋不休地追问。他们认为卡莉写的会议记录不正常，如果是正常会议，大可以用会议的内容作为名字，犯不着只写上"吉姆·奥尔深"。因此，律师提问的第一个问题就是，卡莉为什么要写"吉姆·奥尔深"的名字。卡莉明确地告诉他，因为当天要去见吉姆·奥尔深，所以才把日程写成了他的名字。

但律师不这么认为，他觉得卡莉与吉姆·奥尔深见面一定存在某种利益关系，所以又问她见面的目的是什么。机警的卡莉已明白他的意思，律师分明是想引出当天开会时的内容，故而百般刁难地追问。所以她很明确地告诉律师他们在讨论FTS2000的发展战略。律师问她有没有谈及价格时，卡莉也毫无保留地告诉他谈过。很明显，综合服务局的律师就是想套出这一点，也想当着所有人的面找出卡莉"犯罪"的证据。

面对卡莉毫无保留的个性，律师仿佛发现了新大陆。他预感自己的揣测即将达成，因而逼着卡莉说出吉姆·奥尔深找她谈论这个话题的目的和原因。卡莉没有来得及辩驳，律师又信誓旦旦地告诉她，在采购过程之外与综合服务局官员谈论FTS2000的价格和战略合作，将是一种被禁止的行为。

听到这里时，卡莉才缓过神。原来这个律师想以吉姆·奥尔深是综合服务局高级执行管理小组一员的身份来压制她。他本以为卡莉不清楚吉姆·奥尔深的身份，所以才绕了一个圈，想从中套出她的话。没想到，卡莉做的功课远远比他多，所以她很释然地告诉那位律师，她去见面的是AT&T的董事会主席——吉姆·奥尔深。

听到这样的回答，所有人都被卡莉逗乐了，包括一本正经的法官。综合服务局的律师见没讨到便宜，又问了卡莉几个问题，却不想弄巧成拙，没有占到丝毫的便宜。之后，小贝尔的七个律师轮番对卡莉轰炸，一直僵持到7点40，仍旧没有得到一点有用的信息。最后，他们不得不停战，很无奈地对法官说，虽然目前问题还没有询问完，但是他们的确不想再问下去了，因为律师们觉得卡莉远远比他们想象的还要聪明。

卡莉的努力让整个官司取得了空前的胜利。最终，他们赢得了FTS2000的60%的份额。后来，综合服务局负责采购与网络的官员本·贝宁顿曾很意外地说："当时的情况对AT&T并不利，但就是在千钧一发的时刻，他们所有人还是赢得了整场官司。我始终觉得，这不可思议的局面就是来源于团队的团结，还有他们相互之间密切的配合，当然也可以说他们干得漂亮。"

事实上，整件事对卡莉来说也有非常重大的意义。这是她人生中第一次出席的法庭会议，她也从中收获了经验，收获了团队的友谊。如果没有卢·戈姆、迈克·布鲁纳、汤米·汤姆森、吉姆·奥尔森等人的支持和帮助，也许卡莉至今仍旧带领团队在种种唱反调声中挣扎求生。

纵然一路走来困难重重，但卡莉从未想过放弃。她带领团队通过改变战略战术，在挫折面前不屈不挠始终朝着成功的方向前进，取得了最终的胜利。

卡莉说："成功靠的不是运气，而是人的抉择能力。"

节奏：如果将人生看作旅程

卡莉赢得了官司后，FTS2000 的工作就落到了卢·戈尔曼的身上。对于这个上司，卡莉有着很高的评价。她认为卢·戈尔曼是她很好的"朋友"，因为他给了卡莉足够的信任。有时卢·戈尔曼忙于工作，无暇管理别的事情，他就会将部分工作交给卡莉，让她放手去做。正是在这样的氛围下，卡莉才能出色地完成工作，而且对他忠心耿耿。

1988 年 1 月，迎来了卡莉人生的又一个转折。一天，卢突然找到卡莉，向她说起一件颇有意义的事情。原来，麻省理工学院有一个培训项目，如果能顺利完成的话，就可以获得工商管理学硕士的学位。事实上，每年 AT&T 都会选两三个员工去进修，回来后大多都坐上了副总裁的位置。

关于这件事，卢和迈克都很支持卡莉参加，他们认为凭借卡莉的毅力和学习劲头，肯定是所有学员中最出色的一个。

尽管大家对她充满了信心，但卡莉却从未想过这件事。因为她没想在公司待很长时间，因此所有计划在她面前都是苍白的。况且，进麻省理工学院学习并不是一件容易的事情，她没奢求自己有一天能踏入这所大学，她只想安安稳稳地工作，以求未来有一个平稳的发展。

因此，卡莉在面对这次机会时，只是象征性地报了名。有一天，她正和丈夫弗兰克去佛罗里达基韦斯特拜访卡罗尔·斯普瑞尔和她的丈夫格雷格。没想到，卢的电话打过来，而且带着分外开心的语调告诉卡莉，她以优异的成绩，成功迈进斯隆管理学院。这个消息就像天空洒下了花瓣雨，太美丽，太不可思议了。卡莉禁不住地反复询问，是不是自己，消息会不会不准。

但是，后来卡莉才渐渐发现，有了这个名额也绝非好事。因为如果去斯隆管理学院进修，她将必须离开弗兰克，也要离开孩子们和狗狗。毕竟当时的弗兰克有一份极其重要的工作，所以不可能随她搬到波士顿去。因此去斯隆管理学院后卡莉和弗兰克谈起了"异地恋"，卡莉常常穿梭两地，与他的见面机会越来越少。不过这并没有影响两个人的感情，相反的，彼此之间的思念使得二人关系越来越亲密。

走进麻省理工学院后，卡莉体会到了不同于斯坦福大学的学习氛围。她渐渐意识到，原来很多科学上的怪才都是在如此浓郁的学习氛围下培养出来的。

在斯隆管理学院，她好像重拾了曾经上大学时的状态。尽管她已工作多年，但却并不影响卡莉一颗求学的心。其中，盖比·比特兰的课程最让卡莉记忆深刻，他所教的课程叫管理决策支持模型，那是一种深入介绍整套系统思维要求的课程。对于这项课程，卡莉感触良多，她突然明白了人们常说的一个道理居然是错误的。现实生活中，大家常以为复杂的问题往往能够得到简单又显而易见的答案。但是，通过学习这门课程，她才意识到这种错误已经伴随她很多年了。

在埃德加·沙因和约翰·曼恩的组织心理学上，卡莉学到了一项新的技能——谈判的共赢。虽然课程设定的是角色扮演的形式模拟谈判，这并不能难倒卡莉。但是，若想达到理想的效果，也就是双方的共赢，却是一件很困难的事情。卡莉发现，大多数人去谈判常带着共赢的心理去，但在谈判时却很意外地走进"彼输我赢"的境地，所以，卡莉为了找到解决问题的方式，便开始着重学习战略课程。此后，卡莉在学习战略课程时，读过阿尔费雷德·钱德勒的书，从中领悟到"战略应当使人感到高尚"的哲理名言。此外，卡莉又在选修的管理课程中成功突破自我，很快便投入到许多新奇的研究当中不能自拔。

卡莉在斯隆管理学院学习时，还上过迈克尔·李的课程。她至今想起来，仍旧觉得非常有意思。原来迈克尔·李所定的课程叫"先进技术的商业启示"。卡莉对这项课程充满了兴趣，渐渐地，她在生命与科学的世界里徜徉，学到很多对未来工作有用的知识。

后来，卡莉曾说："我在斯隆管理学院学习期间，每一门课程都对我产生了深刻的影响。我始终觉得，正是这些课程对我的滋养，才使我在今后的工作中稳扎稳打，一步步走向成功。"

卡莉开始关注自己的内心是从一门阅读课开始的。最先给她启蒙的是一个名叫安布·西格尔的老师，他当时给卡莉提供了一些发人深省的材料，而材料的内容正是权利与责任之间的大讨论。最让她记忆犹新的故事是索福克里斯写得《安蒂冈妮》，她甚至觉得，在某些方面，她和安蒂冈妮出奇地相像。彼此都很勇敢，也都很孤独，很执着地坚持自我。

精品课程的作用就是为了启发学生，带领他们找到人生的光明。所以，当读完《安蒂冈妮》后，卡莉好像找到了方向一般。她开始意识到反思的重要性，也开始对自己的行为进行深度的挖掘和剖析。

除了学习以外，卡莉的业余生活也很丰富。她在麻省理工学院交到了一个朋友，名字叫黛博拉·鲍克。卡莉和她是同班同学，而且两个人是班中为数不多的女生。事实上，卡莉的班级一共有50人，而男生就占到41人，也就是说女生只有9人。可能基于彼此都是女生的原因,又因为各自的丈夫都不陪在身边,所以两个人很需要相互帮助。

卡莉很喜欢和黛博拉·鲍克在一块学习、聚会,因此她们两个成了莫逆之交。有时,在严肃又枯燥的课程逼迫下,两个人常常会给彼此的生活添加点催化剂。每到周三的晚上,卡莉和黛博拉·鲍克就会举办一次聚会。事实上,这样的聚会比较小型,也就是邀请同学偕同配偶一块参加活动而已。没想到过了很久之后,两个人原本只是为了增加生活乐子的创意,竟成了斯隆管理学院的传统。

除此之外,卡莉和黛博拉·鲍克在生活中也很亲近。如果学校组织活动或者出去游玩,她和黛博拉就会同住一间屋子,彼此也算是学校生活中的室友了。而临近考试时,她们又会聚在一起学习,或是结伴去图书馆看书,或是一起到家中做饭。总之,在麻省理工学院里,黛博拉是卡莉唯一一个可以交心的朋友。

那年,卡莉也在学校结识了很多公司的首席执行官。这些经历让她突然产生了一个最崇高的念头:不假时日,她也会坐到那个位置上,而且不比来学校演讲的任何一个首席执行官差。因为每当这些执行官讲授课程的时候,卡莉都能摸索出他们的个性。虽然有一批执行官能力表现出色,能给他们带来莫大的收获,但大多数还是让卡莉沮丧的。有一天,卡莉的父亲来学校看她,并询问了她的学习状况。当父女两人谈到未来时,卡莉突然很坚定地告诉父亲,未来的某一天,她一定能成为一名出色的首席执行官,而且可以管理很多人,拥有自己的公司。

这个信念一直支持着卡莉,每当她疲于奔波时,就会想到心头时不时闪过的承诺。当然,曾经弗兰克也对她说过一句话:"卡莉,我觉得未来你一定可以成为首席执行官。"对于卡莉的预言,弗兰克一早就洞悉了。

一年的时光过得真快，转眼到了1989年，卡莉在斯隆管理学院的学习也将结束。虽然时间不长，相较于以前大学的学习，也只是一次短暂的"补课"。但卡莉从不觉得没用，相反的，她认为学到了很多以往不曾涉猎的知识。当然，也让她在大学里收获了友情，并享受着生活的乐趣。

卡莉曾回忆说，他们常常在距离哈佛大学不远的一所叫"犁与星星"的爱尔兰风情酒吧聚会。在那里，大家都无拘无束，彼此的思想火花随意迸发。有时，会有一个既浪漫又诗意的问题飞出来，像"如果有一天你能选择和某个人生死与共，甚至是共度一夜，你会选择哪个人？原因又是什么？"

关于这个问题，卡莉并没有得出一个准确的答案。但不得不说的是，就在"犁与星星"度过的那一晚，她深刻体会到人生中最崇高的境界——对于生活的享受与反思。他们都在想，在麻省理工学院的这段日子究竟学到了什么，又给自己的生活带来了怎样的改变，而真正到了工作中，是否依旧能够延续博学笃志的能力。

卡莉将人生看成了一段旅程，一段追求梦想和实现梦想的旅程。她始终认为，目标虽然重要，但旅程中所迈出的每一步更加重要。因为只有积跬步，才可以至千里。

对峙：沟通是一座巴别塔

从麻省理工学院进修完回到公司，卡莉面临着新的挑战，因为她需要清楚地知道，如今要做哪一份工作。

其实，在卡莉去斯隆管理学院进修之前，她曾在AT&T的长话业务部工作。而今，她学成归来，大可以担任这个部门的主管。不少人认为，卡莉会顺理成章地接受这样的安排。因为任何一个人都不想错过一条升职加薪的机会。而担任长话业务部的主管职务，对她而言似乎是最合适不过的了。除了这一份工作之外，摆在卡莉面前的还有另一个选择，AT&T旗下的网络系统公司负责人比尔·马克思曾去斯隆管理学院找她，希望卡莉能到网络系统公司的生产部门工作。

面对这两个选择，卡莉迟迟下不了决定。后来她思考很久，决定先去找乔·纳克齐奥好好谈谈。就这样，卡莉与他约定在新泽西的办公室里见面。那天一早，卡莉就如约来到了等候室。只是当她等了一个小时后，才看到乔·纳克齐奥的秘书从办公室里走出来。

那时，卡莉就已经感受到了扑面而来的冷气了，而四周所有氛围的营造，均出自这位高高在上的上司乔·纳克齐奥之手。

当卡莉问及这份工作的大体情况时，乔·纳克齐奥却以一副爱搭不理的神情告诉卡莉，她来这里工作是一次极好的锻炼机会。为了勾起卡莉的"欲望"，乔·纳克齐奥还以"800"服务的盈利业务很大，他们也制定好了五年计划来吸引卡莉。他觉得，只要有薪水足够高，卡莉就一定会迫不及待地来做。

没等卡莉再问问题，乔·纳克齐奥就已经向她作了送客的手势。显然，他觉得自己能力很强，而卡莉跟着他正是无须多言的选择。

从长话业务部出来，卡莉又去了网络系统公司。那里的员工给卡莉留下了很好的印象，虽然不是精明强干的感觉，但却是扎实努力的写照。其实有了这些，就早已使她感到兴奋，心向往之了。

一切考察完毕，等回到家时，卡莉才开始了艰难的选择。她也不知道应该从哪里选起，只是觉得放弃哪个都会很纠结。如果舍弃长话业务部，卡莉担心卢·戈尔曼会失望，况且网络系统公司又是她十分向往，十分想去的地方。而且卡莉始终觉得，她的加入会给网络系统公司注入新鲜的血液，也可以帮助他们改变目前停滞不前的现状。

在迈克·布鲁纳的鼓舞下，卡莉于万般纠结中作出了决定。她要去网络系统公司，舍弃长话业务部。她作出这样的决定并非偶然，也不是一次冲动的选择。因为网络系统公司的确带给她新的发展方向，也给她营造了一个充满挑战的环境。

当然，听到卡莉的决定时，最懊恼的当属乔·纳克齐奥了。因为他始终觉得，在长话业务部如此形势大好的情况下，卡莉不可能选择别的岗位。况且，到目前为止还没有哪个下属能对他这样无理。乔·纳克齐奥想了很久，仍旧气不过，于是将整件事告诉了长话业务部的副总裁，并联合人力资源部的主任，郑重其事地给她下了一次通牒："卡莉是长话业务部的财产，因此，她的离开便意味着再没有机会回到这里工作了。"

最开始的时候，卡莉很恐慌。她感觉自己得罪了公司很多高层，这对她的未来来说并非一件好事。但过了几个小时后，卡莉还是从恐惧中抽离出来，她坚忍地告诉自己："未来的路是自己选的，任何人的规划都不可能帮你走完整。"

卡莉带着无限憧憬来到新岗位，甚至已经嗅到了阳光的气息。然而，当真正融入公司，她却再也没有当初的冲劲了。原来，所有的一切并没有她想象的那么好，有很多挑战和问题等着她去解决。

从表面上看，卡莉被安排的职务是国际战略与业务开发部主任。听起来是那种高大上，又带有巨大权力的职位，但事实上她根本就无权可掌，最多算是一个傀儡。因为在她之前担任这份职务的主任仍旧在岗，而且正处理公司一个极其重要项目。

所以，在公司工作的一个月来，卡莉感觉到很大的不自在。她仿佛觉得自己就是员工，而并非一个有领导权力的人。除此之外，公司没有人会告诉她项目的运转格局，所有的一切都需要卡莉从头学起。白天在办公室，卡莉要尝试着读工作备忘录。她多希望能找到一丝一毫可以看懂的地方，但最终的结果却是，她一点也不明白为什么有些人能进备忘录，而有些人却不可以进。每天晚上回到家中，她还要沉浸在浩瀚的资料堆中，花大量的时间去研读能收集到的全部资料。

半年的时光很快过去了，卡莉仍旧没能适应网络系统公司的工作环境。在繁忙的工作中，她听到最多的就是叫嚷，仿佛他们天生就是高嗓门。无论卡莉做什么事情，都未曾处于一个安静的环境之中。后来，卡莉把自己理解为刚到组织的新人，所以自然而然地承受着别人对她的指手画脚。

1989年12月25日，卡莉迎来了到新工作岗位后的第一个圣诞节。但事实上，她并不开心，反而十分疲惫。工作上，网络系统部门常常出现状况，她要时时刻刻应付即将"对峙"的局面。而家庭生活上，卡莉和弗兰克正准备将家搬往新泽西。所以，四个月来卡莉疲惫极了，她一直在华盛顿和新泽西两地穿梭,而正在忙于工作的弗兰克并无暇顾家。

1990年年初,卡莉在家与弗兰克、孩子们、小狗一起度过了一段愉快的时光。而就在这段闲暇的日子里,她开始深度思考即将到来的工作安排。十几天后,卡莉终于想明白了问题,她不能再妥协下去,她要在对峙的局面中发挥出最佳水平。无论"对手"多么强大,她都要捍卫住自己的权利。

当新年过后卡莉来公司上班时,没想到马上就遇到一个巨大的挑战。原来,上司让卡莉到荷兰出差,希望她能说服杰克·赫克,就公司所遇到的机遇和如何利用资源方面达成一致。虽然这份差事看起来不错,但卡莉很清楚,她要面对的杰克·赫克并非一个简单人物。

等来到荷兰时,事情的发展竟与卡莉的预料出奇地一致。杰克·赫克不仅不配合,而且言语粗狂,行为傲慢。

为了能找到"拿下"杰克的突破口,卡莉决定与他的下属一一谈话,希望有所斩获。当她向大家说了自己的想法后,没想到所有人都认可她的意见。他们觉得如果长期跟着杰克干,自己十分热爱的工作不久就会走到尽头,他们希望卡莉能帮他们将工作改造得更有价值。

几天后,卡莉考虑再三,决定亲自去拜访杰克·赫克。当她来到办公室时,正好比尔·洛尔巴赫也在现场。对比尔·洛尔巴赫来说,他很清楚卡莉的来历,所以接下来的谈话对卡莉很有帮助。

在一番礼貌的寒暄后,卡莉切入正题,她很委婉地告诫杰克,在确保符合公司利益的经营方式和保障客户利益的基础上,他们应作出一定的妥协。

没想到,还没等卡莉说完,杰克就开始疯狂地进行反诘。他滔滔不绝说了一通,将网络系统部的高层还有公司总部的高层一一数落了一遍，仿佛要用尽全身力气恐吓卡莉。两人进行了长时间的争斗，就好像正在交战的两军，彼此都使出了浑身解数。

45分钟后，卡莉再也忍受不住杰克的谩骂，便很愤怒地拍了一下桌子。她气愤地数落了杰克一番，说杰克和他的同事简直就是一群废物。杰克被卡莉的气势震慑住了，他对"废物"这句脏话一点也不懂，一边摇头，还一边询问。

看到他不理解自己对他的斥责，卡莉又好气又好笑，她很无奈地告诉他，这是长话业务部的流行语。她还以长话业务部的一群人都是标准的"42号"来论证自己的观点。"42号"其实是借指AT&T里守旧和一成不变的管理者，因为他们习惯穿"42"的西装，故而才有了这个称谓。

两人虽然谈了很多，但最后并没有达成共识。卡莉从荷兰回来时一直在想，与杰克产生这么大的口角，必然会有被炒鱿鱼的风险。即便如此，她也没有丝毫畏惧，反而很淡定地认为，她的自尊要求她对当时所承受的辱骂作出回应，无论从何种角度看，杰克当时的表现都非常过分非常无礼。

卡莉是幸运的，而这种幸运似乎也是必然的。她和杰克·赫克的交涉，在整个公司引起了轩然大波。要知道，不会有哪个下属敢那样对杰克说话，卡莉的勇敢和直言不讳为她赢得了很多员工的拥戴。过了没多久，比尔·洛尔巴赫将卡莉的事情告知给了更多的员工，大家一时间纷纷称颂卡莉的勇敢，卡莉骨子里的那颗"反叛"的心也在萌芽。不得不说，正是卡莉的身先士卒，才换来了大家的坚强和勇敢。

卡莉认为，一个领导者如果期待驾驭企业的变革，就必须有让人信服的能力，而这份能力，就像坚不可摧的堡垒，能够抵挡住来自四面八方的攻击。

为了能达到她心中所追求的能力，卡莉开始每天阅读大量的材料，将自己全身心浸润在知识的海洋中。那时，她总觉得心中所想和现实不会相差太大，至少有很多地方是共通的。只要具备了一定的能力就不会被突如其来的困难打个措手不及。

20世纪90年代初，卡莉开始与韩国开展商务会谈。当她第一次来到亚洲国家时，突然意识到酒文化在合作中起到的巨大作用。毋庸置疑，酒是自信和尊重的催化剂。在亚洲的很多国家中，若双方之间有合作，往往以"酒"来衡量彼此的交往意义。

卡莉同他们的合作伙伴LG分公司的总裁约好了会谈，所以很早就赶赴韩国。但当她第一时间走进办公楼时，却遭受了与美国迥然不同的待遇。原来，所有办公楼的女人都用极其诧异的目光看向她，因为在当时的韩国，从来没有女子在企业中能担任如此高的职务。

卡莉在会议室等了很久，才看到总裁从外面走进来。此时，卡莉变得明显有点紧张。她不是害怕总裁的权威，反而是担心没有足够的时间来说服他。因为在韩国，一个男性总裁总会以异样的眼光看待一位女性谈判者，更何况卡莉是美国人。

等大家都坐下后，她才缓过神来。面对会议室的众人，卡莉没有表现出懦弱和紧张的模样。她在一块小型KT板上画了三个相互嵌套的圆环，很自信地向韩国客户介绍他们之间的合作关系。卡莉以三个相互嵌套的圆环为切入点，详细地向他们介绍说，环一代表的是制造业领域；环二代表的是研发领域；环三代表的是向共同客户进行销售的环节。

卡莉用的方式正是化繁为简，她认为如果向别人讲一件事，表达得太复杂深奥，大家反而听不懂甚至听不进去。虽然她现在采用的这种方式会让不少人无法看到所有事情的细枝末节，但却有一个好处，就是能让所有人的精力都集中在一件事情上。

一天的时间，卡莉将心中所想说的话事无巨细地都讲了出来，赢得了总裁频频点头。

然而，就在会议散场，大家都准备离开时。总裁的助手突然走到卡莉身边，很亲切地询问卡莉，说今天晚上总裁将邀卡莉参加一场传统的韩国风尚晚餐聚会，要问卡莉目前是否需要一个男人。

需要一个男人？

这样的话不论谁听到都会吃一惊，况且卡莉已经结了婚。她不理解助手的意思，更加不清楚总裁的"晚餐"到底暗藏什么玄机。就在迷茫时，一个跟她来到韩国的男同事告诉卡莉，这个晚餐有点特别，实际上是韩国最传统的烧烤晚会。不过，一般来说从没有女人参加。

卡莉看到男同事有点失落的表情，心里竟哭笑不得。她很清楚，这位韩国总裁有自己独到的想法。他没有请卡莉去进欧式晚餐，正是有一股"不妥协的气"闷在心里。但在一转念后，卡莉即刻很释然地笑了笑，因为她想明白了，无论遇到怎样的事情，她都会以阳光的心态迎接挑战，而不是畏首畏尾。

举行烧烤晚会的地点是在一间韩式木屋中，放眼望去，这间屋子并不大，也就能容纳下十几个人的样子。屋子中间有一个长方形的大木桌子，在桌面之下，是一个被炭火烧得滚烫的金属网。很明显，这是用来烤肉的器具。卡莉随着大家一块席地而坐，双腿盘起来，像是念佛的"僧人"。

总裁坐在桌子的一边，卡莉在他右边坐下。就在抬起头的那一刻,卡莉看到了桌子上摆放的形形色色的威士忌。说实话,她从来都没喝过这种酒,甚至每次看到威士忌,卡莉的胃里都有一种翻江倒海的感觉。

大家都坐好后,几个韩国女孩挎着木篮子挨着大家坐下。卡莉身边也坐了一个女孩,长得很漂亮,也非常有礼貌。她可以用流利的英文和卡莉对话,一时间让卡莉备感温暖。

平时,卡莉很少饮酒,尤其是威士忌。所以,当看到桌子上的酒水时,她不禁深深吸了一口冷气。然而在所有的来宾中她的级别最高,因此被敬酒次数很多。卡莉面对身边塞满的八瓶酒,有点无奈地在心里苦笑。

坐在卡莉身边的韩国女孩趁着大家都没注意,突然跟她说,这些酒可以倒进木篮子里,不必一口气喝光。初来乍到的卡莉才意识到,原来韩国的陪酒女都有这项功能。她们看似监督"客人"喝酒,实际上却有帮"客人"倒酒的功能。

虽然那天晚上卡莉的很多酒都被倒掉了,但她依然感觉有点头晕脑胀。不过这样的经历也教会了卡莉很多知识,以至于在以后的商务会谈中,她再也不会盲目地"斗酒",反而会在会谈之前作好各种各样的准备。

合作就是建立在相互信任、相互尊重的前提之下的。在亚洲的很多国家中,虽然大家都喜欢饮酒,也都喜欢在不同的场合"斗酒",但这些礼仪无不让卡莉感受到轻松和惬意,也感受到合作之外的温馨。此外,她也在中国结交了很多朋友,认识了很多的合作伙伴。而卡莉与大家的贸易往来,正是在一步步的沟通和交流中变得越来越深。

第五章

走出荆棘
变化催生成功

竞争：最可怕的是看不见的敌人

卡莉在网络系统公司工作期间，担任的是国际战略与发展部主管。随着时间的推移，她发现一直这样下去也不是办法。她想建立一个团队，而团队的目的就是为了实现这一职能。

所以，卡莉开始将所有人员召集过来，并很真挚地与大家商量，到底如何实施她心中的宏伟计划。经过一番的商榷后，卡莉制定了使命宣言和战略框架，还在更大的公司论坛上发表了他们的想法。

但这些是远远不够的，而卡莉也不仅仅局限于此。在她夜以继日的努力下，卡莉迎来了一个颇有挑战意义的工作，就是去巴西同公司的合作企业还有重要的客户碰面。

在巴西接待卡莉的是网络系统公司的分部负责人，实际上这个分部负责人是荷兰人。他在一年年的摸爬滚打中，逐渐培养了精明世故的个性。因此，有了他的陪伴，卡莉心中多少能感到一点释然。

网络系统公司分部的工作地点在圣保罗市，是巴西一个大都市。不过，当天与巴西各大部长的会议却被意外安排到了另外一个城市——巴西的首都巴西利亚。

令卡莉有点惊诧的是，他们要去的地方并不是某个会议室而是某位部长的别墅。很多前来参加会议的人都感觉到，他们正参加一个"友人商业协会"举办的活动。

当卡莉刚走进屋子时，就被里面的装饰深深吸引住了。原来，房间的设计透露着典型的巴西特色。有浓郁的"植被",有亮丽的灯光,也有暮色渐沉的"夕阳",一刹那间,她感觉仿佛来到了热带雨林。

然而,卡莉并没有意识到一个危机正悄悄来临。在餐桌上,很多巴西的商业领袖总喜欢漫无目的地闲谈。卡莉努力将话题绕到公司合作上,却没有引起大家广泛的兴趣。后来,她才从只言片语中了解到,这些人想搞一起行贿案。

餐桌上有人向卡莉详细地描述了巴西的工作方式,还很清楚地告诉她有些商业游戏该怎么玩,有些又不该怎么玩。

当晚,卡莉没有多说一句话。她知道如果一旦卷入进去,就有可能给自己带来很大的灾难。况且,她也不是贪图"不干不净"钱财的人,她有自己的想法,有自己的目标。别人的干预,不能在本质上使她动摇自己的意念。

到了第二天,心神不宁的卡莉想找分部的负责人谈一下对这件事情的看法。她想知道,到底有多少人会经不起诱惑,又有多少人可以将公司发展大计放在心上。

没想到一场谈话下来,卡莉并没有等来期待已久的答案,反而等来了一颗充满贪欲的心,而且这种贪欲早已根深蒂固,深深扎根企业的每一个角落。

分部负责人很确定地告诉卡莉,这里是巴西,不是美国。所以,如果她接受这个贿赂的话,他们就有足够的预算。因此,他们完成这笔"单子"也一定会干净利落,神不知鬼不觉。他还自信地说《反海外腐败法》对他没有任何作用,因为他是荷兰人,并不是美国人。如果他们两人就当从未有过这样的谈话,也就不会有人知道这件事了。

当听完分部负责人的回答时,卡莉才明白过来,也许这个家伙早就想将她卷入贿赂案中了，不然他不会安排昨晚那个晚餐。而且当卡莉和各位商业友人对话时，大家的态度也绝不应该是冷漠和抵触。

两天之后，分部负责人被炒鱿鱼。而作这个决定的人正是卡莉，她认为公司内部断然不允许有腐败和欺骗。因为如果存在的话，势必会对公司的管理机制构成威胁。在卡莉的世界里，每一件事都有它的原则，不论是私事还是公事，若丢弃了原则就会误入歧途。

很多年后，卡莉功成名就。每当回忆起这件事，还是觉得意义重大。所以，当召开公司会议的时候，她偶尔会拿出这个故事当例子，引导大家往一个健康的方向发展自己事业。

在网络系统公司，杰克·赫克与卡莉之间并非事事都能商谈融洽，有些时候他们也会因为一些事产生分歧。对于杰克·赫克来说，平时工作中他倡导公平，凡事也都以这二字实施计划。

不过，有公平，就必然有反公平的人出现。负责营销的副总裁是与杰克·赫克对着干的第一人，他经常会用小手段来打破杰克提出的公平竞争机制。实际上，卡莉在这件事上也深受其害。

最开始的时候，这位副总裁只是拉拢卡莉办公室的一位女经理。他找各种理由，告诉她卡莉经常在背后说她的坏话，也从未认可她的工作。还说如果她能帮助他暗地里实现一些计划，就会给她安排一个其他部门的工作。

这还不是他的终极目标，他也做好了拉拢卡莉上司的准备。就像上次骗取女经理的信任一样，以各种理由诋毁卡莉，最后竟说服卡莉的上司，两个人联手对付她。

慢慢地，一群看不见的敌人像恶魔一样出现在卡莉身边。她从不了解这些人的想法，也不知道如何回答他们在会议上提出的刁钻问题。

在她没有做好钩心斗角的准备时，就被这些人弄进设计好的圈套中。

直到有一天，杰克·赫克将整件事的来龙去脉告诉了比尔·洛尔巴赫。而比尔·洛尔巴赫又是卡莉的好朋友和支持者，所以便毫不犹豫地将整件事告诉了她。就这样，卡莉在难以置信的情况下得知了真相，心里突然有种说不出的沮丧。

见比尔·洛尔巴赫的那天，卡莉正好有工作向他汇报。两个人谈了一段时间后，他突然颇为同情地询问卡莉，最近工作有没有遇到难题。其实，当比尔问起这个问题时，卡莉就很自然地想起这些天与副总裁的争斗，虽然很多事她从未深究，但想起来还是会让她心情低落。

卡莉对比尔·洛尔巴赫说，她这段时间以来烦透了，不知道为什么，与营销部副总裁总是走不到一块去。卡莉担心，这样下去很多工作都做不好。

比尔知道卡莉遇到的情况，他一直很相信她，而且工作这么久以来，比尔始终是卡莉的支持者。就这样，他向卡莉提出了一个想法，就是让她和营销部副总裁见上一面。

在比尔·洛尔巴赫的帮助下，卡莉见到了一向趾高气扬的营销部副总裁。在会议室，三个人相对而坐。卡莉既紧张又坦然。她紧张的是害怕接下来说不好话会弄得谈话一团糟；她坦然的是对自己保持绝对的自信。

比尔率先开门见山地提出，他们两个相处如果遇到困难，他会努力帮忙调节。

营销部副总裁显然有些按捺不住，他似乎对卡莉很反感。虽然他的脸上挂着笑容，但言语中却带着不屑和蔑视，他认为自己和卡莉相处得很融洽，还觉得卡莉整体做得很不错。只是在某些方面上，他看不惯卡莉的毛躁，也看不惯她无法平心静气办事的方式。

针对一个"毛躁"，营销部副总裁说了一大堆。他的话无外乎两个意思，一是自己多么不容易，二是卡莉如何不对。

在他堂而皇之的言论面前，卡莉没有辩驳。她就像看一场闹剧，让奸诈的营销部副总裁露出了狐狸尾巴。因为一个人说得越多，撒谎越严重，漏洞自然就越多。

针对这件事，卡莉还专程找了那位被营销部副总裁挑唆的女经理谈了一回话。实际上，她就是想让那个女经理知道，世界上的事情并非一句话就能说得清楚，凡事都要讲究证据。如果误信了别人的花言巧语，很有可能会被他人利用，进而成了任人宰割的羔羊。卡莉还告诉她，无论对别人抱有怎样的偏见，都不能做损人不利己的事情。

后来，女经理成功晋升。也许她察觉到了自己的问题，所以在以后的工作中避免了曾经的失误，进而得到了上级的认可。不过，卡莉的上司却丝毫没有任何变化。虽然他表面上依旧谦恭随和，但暗地里对卡莉仍存在偏见和怀疑。针对这个问题，卡莉一直保持着大方的态度，从未当众拆穿他的阴谋。而挑拨离间的营销部副总裁，则被卡莉忽略，当作透明的空气。

几个月后，当这件事尘埃落定，所有的人几乎都想不起来时，卡莉突然接到了比尔·马克思的电话。正是这个电话，让一向沉寂在落寞中的卡莉看到了希望。

比尔·马克思让她立刻去公司，并很真挚地告诉她，营销部副总裁因为年龄问题，不久就要退休了。至于她的上司，也要被调到AT&T长话业务部工作。这个天大的好消息无不向她展示着两个"敌人"即将双双纷飞的局面。

更令卡莉没想到的是，从今天开始，两个部门就要合并到一起，而她，将出任合并后的战略与营销部副总裁。从比尔那里得知这个消息后，卡莉既惊讶，又无比的开心。她从没想到，一切会来得这么快，尤其在她还没有做好准备的前提之下，迎来了突然的惊喜。

经过这件事后卡莉彻底意识到，无论是什么样的人，从事何种工作，身边都有可能出现看不见的敌人。他们有时隐藏得很好，有时会在表面与你打太极。不过，这一切并不重要。因为若自身能看清楚问题的根源，并以积极的态度采取应对措施，那么总有一天会扫除掉所有的障碍。

况且，一向自以为是，落井下石的人，到头来也不会有多么大的作为。

变革：无限的机遇和可能性

在卡莉当上公司高管之后，公司的很多情况也都发生了翻天覆地的变化。其中最让卡莉感觉到不可思议的是，她从每个人的眼睛中看到了不屑和愤然。对于这种情况，卡莉起初并没有在意。但当她深入到某个事情中时才发现，原来嫉妒和猜忌会让一个人走向末路。而这条末路如果走得过长，就会让人堕落下去，甚至万劫不复。

卡莉当上副总裁后曾参加过一次评级会议，就在那次会议上，她看到了很多人异样的目光。当时，有一个副总裁想推选手下的一名部门主管晋升。然而大家对这位主管并没有留下好的印象，大多数人都保持反对的态度。

因此，很多同事纷纷说出了激烈的言语，对这位部门主管予以抨击。大家发完言后，也让卡莉说说看法。令部门主管感到意外的是，卡莉竟和同事们的想法一致。这时，部门主管的上司有点看不过去，不大情愿地说："卡莉，据我所知，你似乎不怎么喜欢他。所以，你的看法不免感情用事。"他所说的感情用事卡莉很清楚，就是在潜意识地告诉她有"公报私仇"的嫌疑。

当然不得不说，当卡莉真正接受了新的工作后，也渐渐把狭窄的视野打开了。比尔·马克思想让卡莉接手工作后最好在网络系统公司和AT&T之间达成一套协定，这个协定主要是为了规定两个公司在市场上的运营行为。

卡莉在充分了解这个任务后，也给自己制定了一定的目标。不过，由于近期她碰到了很多事情，所以不少工作做起来并没有那么容易。但她心里仍旧清楚，协定是建立在按国家划分地区的基础之上的，而且还要兼顾两家公司在这些国家市场里的特定关系，因此，这份工作并没有想象中那么美好。

工作了一段时间后，卡莉与AT&T的负责人共同起草了一个报告。报告中主要列举了双方在每一个市场中的安排，而且还分析出这种安排的实际效果是怎样的。

又过了几个星期，卡莉在比尔·马克思的要求下，准备给AT&T的董事会起草一份战略报告。为此，卡莉的团队忙活了很久，为整个工作安排了缜密的部署。虽然工作有条不紊地进行，但大家仍旧认为，网络系统公司不能在这样僵持下去了，应该从AT&T的控制中脱离出来。不然，以后很难发掘自己的潜能，只能被别人牵着鼻子走。

比尔·马克思出席了董事会的会议后，立刻将卡莉和同事们的想法汇报给了上级，然而换来的却是严辞拒绝。当然，这个结果卡莉一早就想到了，只是她仍不愿接受这个既定事实。

卡莉在网络系统公司工作的这段时间实际上也就几个月，她还没来得及给公司创造很大的利润，就遭到很多人莫名的指责和谩骂。纷扰的琐事，让原本自信满满的她有点一筹莫展。

正在这时，吉姆·布鲁云敦突然从丹佛打过来电话，说是有事情想请她帮忙。其实，吉姆·布鲁云敦负责的是网络系统公司对西部贝尔公司电话分公司的销售业务。近期，他的客户正在和俄罗斯的电话公司谈生意，因此他打算让网络系统公司一起到俄罗斯开展业务。

吉姆·布鲁云敦对卡莉很信任，打过来电话的第一句就是问她是不是负责"国际战略"业务的。他还很谦虚地对卡莉说，她应该比他更了解如何实施方案。

然而，卡莉却从没有感觉到自豪，因为她在网络系统公司工作的这段时间里，从未创造出多少有实效的业绩。卡莉甚至固执地认为，她就是挂名的副总裁而已。

当卡莉对吉姆·布鲁云敦说了自己不懂业务的话后，他却满不在意地对卡莉说，不要太在意西部电气公司的那些人，因为大家都有不顺心的时候。

在吉姆·布鲁云敦的鼓舞下，卡莉的信心大增。她很快下了决定，要去丹佛出差，而且找客户当面会谈，看看有没有进一步合作的打算。实际上，当卡莉第一次见到吉姆·布鲁云敦时，就从心底发出一句"终于找到了良师益友"的感慨。

不久后，比尔让卡莉负责东部地区的销售，也就是美国和加拿大东部地区的现场业务。经过一段时间的深入调查研究，卡莉了解到，一个团队的崛起和公司业务的提高与员工的能力有最直接的联系。而且不论是哪家公司，也不管公司在哪个地方，如果想激发员工的工作能力，想提高员工的绩效，就必须对他们足够信任。

为了达到这一点，卡莉和几个副总裁开了几次小会。她一直认为，工作中但凡存在机会，就要努力抓住。而且，要不懈地努力推着员工往前看，还要审时度势，关注好每一个细节。

虽然员工听烦了她的唠叨，但卡莉仍旧坚持劝解他们，因为她不想看着曾经网络系统公司的精英，大家眼中的英雄就这样一直堕落下去。如果他们不能正视自己的问题，遇到事情只会无休止的抱怨，那么他们和别人口中的"一群爱哭鬼"也就没什么两样了。

开会时卡莉的话有点重，说得大家突然沉默起来。其实，大家都明白她的意思，虽然卡莉的语言有点委婉，但还是在见缝插针地暗讽员工们的堕落。在安静如水的办公室里，汤姆·卡特突然站起来询问卡莉，到底谁说他们是"一群爱哭鬼"。听了汤姆的话后，卡莉没有丝毫犹豫，很果断地告诉他们，是吉姆·布鲁云敦和比尔·马克思。

突然间，大家都沉默了。他们很清楚，让公司最有权威的两个人瞧不起，就像是自己狠狠地扇自己巴掌。而卡莉之所以这么做，完全是靠激将法来引导员工突破惰性。实际上，卡莉的这个决定是百分之百正确的，因为它的确能让员工看清自己的缺点，也能让他们瞬间顿悟。过了一会后，汤姆·卡特突然不甘心地站起来，大声说："嗨，伙计们。我可受不了这样的窝囊气，我想你们也不愿被别人瞧不起吧。大家还等什么，赶快行动起来。咱们拼一把，势必让别人抬起头来看咱们，怎么样？"这就是卡莉想看到的效果，而且经过后来的实践验证，她的做法的确为公司创造了很大的绩效。

这一年的最后一个季度临近了。卡莉开始意识到，必须要给她的人马助威打气。虽然这段时间，在卡莉的鼓舞下很多人都已开始忘我的工作，但是如果不继续努力，稍加松懈，就有可能完不成这年的目标。

在卡莉灵活头脑的运作下，她想出一个"很土"的计划。当天，她找来汤姆和乔，向他们提出了举办一次"跑马赛"的想法。而马匹的前后位置，则由各自团队完成的工作任务百分比来决定。为了增加员工的自信心，她还向他们展示了一个巨大的奖杯。卡莉告诉大家，哪个团队能冲到终点，这个奖杯就属于他们。

网络系统公司的很多人都不理解卡莉的做法，更有的人说："卡莉是不是疯了？"但这一切评语都没能影响她团队的工作，反而在一句句嘲笑和谩骂声中,他们创造了辉煌的业绩。

1993年,当年度工作结束时,卡莉给获胜的团队颁发了奖杯,并很开心地告诉大家:"如果前行的道路上没有一点乐子,那么咱们走起来必定会枯燥乏味。很开心大家能如此看重这场比赛,而这一年的努力,我相信也给你们带来了巨大的收获。至于明年的比赛,你们会再接再厉,创造更大的辉煌的,是不是?"

1994年,长话业务部和网络系统公司出现了战略冲突,而就在这一年,卡莉每次去拜访客户所听到的抱怨大多也来自他们和AT&T其他部门之间的关系上的冲突。

有一天,卡莉意外收到AT&T董事会寄来的一封信。当她拆开后才发现,原来寄信的人是AT&T董事会主席鲍勃·艾伦。信的内容大体上是说,他想让卡莉去新泽西州的时候,最好去见他一面。

过了不久,卡莉来到了新泽西。她和鲍勃·艾伦相约在一间会议室。在卡莉的印象中,鲍勃·艾伦脸上总挂着和蔼可亲的笑容。他问卡莉的第一句话就是,她觉得网络系统公司如何。卡莉很自然地说,她很喜欢这个公司,而且来公司的这段时间里,她渐渐融入进去,并且将公司当作自己的家,一个既温馨又惬意的家。

看着卡莉的笑容,鲍勃·艾伦满意地点点头,又向她问起他们现在与小贝尔的客户有没有广泛合作的问题。卡莉没有丝毫隐瞒,很真挚地向鲍勃倒了苦水。她认为整个合作没有想象中的那么美好,大家对AT&T都有怨恨,而这样的怨恨却无一例外地强加给了他们。因此,卡莉在这项谈判中受尽了委屈,也受尽了折磨。

不过,在这项困难的谈判中,也让卡莉找到了自己的缺点。她认为,竞争对手和小贝尔谈判时很会利用时间,而他们似乎把时间利用错了。竞争对手往往把大部分时间花在产品和彼此的关系上，而他们在这方面只花了不到四分之一的时间。

这场会谈实际上只持续了 10 分钟，尽管时间不长，但卡莉至少将鲍勃找她的原因都弄得很清楚了。当会谈结束后，鲍勃走出会议室，比尔·马克思很快从门外闯进来，问卡莉谈得如何。他刚刚晋升，如今在 AT&T 中的商业通信系统部和微电子业务部担任职务。所以，对于鲍勃的口风，他多少还是想探探的。卡莉没有瞒着比尔，一五一十地将会谈内容告诉了他。

1994 年的夏天，卡莉迎来了她职业生涯中的第一个春天。这一年，比尔·马克思调走了，而里奇·麦金则成了网络系统公司当仁不让的总裁。就在几个月后，1994 年 9 月的一天，里奇·麦金将所有员工叫到他的办公室，面色凝重但抑制不住喜悦地告诉大家，鲍勃·艾伦将在明天宣布一个消息，也就是 AT&T 的拆分计划。从此而后，网络系统公司、商业通讯系统部、微电子业务部、贝尔实验室的大部分都将要完成拆分，而且各自要组合成一个独立的新公司。种种迹象意味着，他们终于可以摆脱桎梏进而出来单干了。

听到这个消息，卡莉像发疯一样地大叫。她太开心了，几乎落下泪来。等到大家都用惊诧的眼光看她时，卡莉才略微抱歉地止住笑容。

卡莉没有做太多停留，马上给所有员工召开了一次电话会议。原本信心满满、欢呼雀跃的卡莉却没想到，大家对这件事并不怎么开心。他们很多人都在问，如若从大公司 AT&T 中分离出来，大家的退休金和职务变动会不会受到影响？如果工作做得不好，遇到各种各样的困难，从而面临破产又怎么办？实际上，大家所想的并没什么不对，其中有很多问题也是卡莉所不能回答的，毕竟未来的很多事情都充满了太多意外。况且如今公司脱离了一个庞大的组织，而这个组织曾经带给他们辉煌，也带给了他们安定。其实，不少人对大公司还是很"怀念"的。

人比动物聪明的地方就在于人的大脑能思考，感情比较丰富。不过卡莉有信心改变现状，她始终觉得只要努力的够多，让更多人看到公司一步步走上正轨，也就不会产生太多的顾虑了。

重建:"卡莉按钮"和"不准反悔"

朗讯科技公司的创立让所有人的心中都燃起了熊熊大火,对于卡莉来说,这是一个千载难逢的发展时机。

1994年12月,卡莉的工作状况发生了逆转。就在这个月,新公司的董事会主席兼首席执行官亨利·斯查特找到了她,并很真挚地对卡莉说:"卡莉,以后的公司运营执行副总裁的职务由你来担任。"

实际上,当她得知这个消息的时候心里有点茫然。因为她以前从没有接触过这份工作,也不知道如何实施开展。目前,卡莉的任务主要落在公司的战略和信息系统的各项问题处理的高度上,这是一类新的工作组合,而这类组合方式的最终结果就是,让她越来越感觉到工作的陌生性。

然而,自从公司独立以来,卡莉一直想与客户谈合作。她认为,随着公司的独立,再也不用承受母公司的制约,很多条文和细节都可以自己掌握了。不过,当她把这些想法告诉亨利·斯查特的时候,换来的却是几句冷冰冰的话:"卡莉,鲍勃·艾伦告诉我,这些需要真正熟悉网络公司的人来处理。"很明显,她是被排除之外的。

为此,卡莉开始努力学习,她找来公司所有的资料,一字一句从头学起。虽然她在网络系统公司工作的时间里,很多细节都算了如指掌,但是相对于其他组织的信息,她却知之甚少。

当卡莉看了足够的资料也深入了解了每个组织的信息后,她突然觉得有必要制定一个远大的目标,而这个目标的作用就是为了实现更大的利益。

直到有一天，亨利·斯查特将公司资深的主管聚在一起，一起商议公司未来的大计。他们主要从公司的战略意图到客服运营的每个细节开始分析，将所有可能遇到的问题做了整合，随后一一想方设法处理。

在整个会议上，卡莉看到了公司主要领导人的气魄。尤其是亨利·斯查特，他的耐性很足，几乎不厌其烦地给公司的员工开会，只为了能让大家彻底了解朗讯科技公司未来的发展蓝图。

但是，这群人中也有不耐烦的，其中，里奇·麦金就是最不喜欢开会的一个。他始终觉得，每次开会都会谈很多没必要的东西，他甚至觉得这场会议就是又臭又长的废话大集锦。有些时候，他还在背后向其他人说亨利·斯查特的坏话。不过，仁慈宽容的亨利·斯查特认为，想组建一支团队本就没那么容易，遇到困难和非议也在所难免，所以他很少将闲话放在心上。

新公司的领导会议召开了很多次，最后领导高层达成了三个方面的决定。第一，新公司要做跨越多个领域的通信公司，而不简简单单只是设备供应商；第二，新公司要充分利用历史优势和现在所能用的各种资源；第三，新公司要大胆尝试，灵活多变，做起事来才会雄心勃勃。

卡莉新公司的中文名字叫"朗讯"，英文名字有"闪耀着光亮"的含义。不久后，公司的 logo 相应而出，那是一个好像用毛笔画出的红色圆环，最顶端显露出毛笔干涸后留下的粗犷印记。最开始时，大家并不同意这个设计，认为整个设计显得单调，也没能把公司的含义介绍明白。不过卡莉却坚持认为，它将能给公司带来幸运，因为每看到这个标志，就会让她想起母亲的绘画。

一天深夜，正在睡梦中的卡莉忽然接到网络系统公司前首席财务官吉姆·拉斯科的电话。他现在在朗讯公司做审计官，主要负责公司公

131

开招股说明书的财务部门的职责。

令卡莉没想到的是，吉姆开头第一句话就是："卡莉，你现在在哪里？我在纽约，最近遇到了很多麻烦，不少协议都达不成。"

卡莉对吉姆是百分之百信任的，如果他说有问题难以完成，就必然有完不成的理由，所以，没有经过太多思考，卡莉第二天就马不停蹄地赶到纽约。

当她到达纽约后才发现，原来这里确实有不少工作很难完成。在持续好几个礼拜里，所有人都没有闲暇时间，大家都在拼了命似的熬夜工作。在卡莉看来，这不仅是一个锻炼的过程，也是一个不断学习、不断进步的过程，所以，尽管大家吃了不少苦，却也有吃苦的价值。

刚开始熬夜的第一个晚上，卡莉突然发现会议室的大门上有一个按钮。公司的同事告诉她，这个按钮其实暗藏着玄机，每个起草、打印公开招股说明书的办公室里都有这个按钮。它有一个功能，如果坐在办公室的职员勤于工作，无暇去吃饭，就可以按下这个按钮。到时，会有一名服务生走进来，并且能把他想吃想喝的任何东西送过来。

因此，每当卡莉在办公室开会出现了卡壳或者是烦闷时，她就会常常测试这个功能的实用性。就这样，大家每次都能吃到不少好吃的东西，尤其是M&M巧克力豆，成了他们必不可少的食品。后来，大家被卡莉"少女"的心态感染，经过一致表决，他们给按钮取了一个响亮的名字——卡莉按钮。

在平时的工作中，卡莉除了创造出缓解工作气氛的"卡莉按钮"，还制定了一个颇有效的规则，名叫"不准反悔"。

实际上，卡莉这项"不准反悔"原则的制定解决了公司不少重大的难题。面对很多公司不履行合同上的义务，或者签下合同后仍旧会改来改去的状况，卡莉思索再三，提出了一个解决问题的方法。她认为，这类问题可以分三步走。

第一步，大家就合同上每一页的文字进行讨论，在没达到共识之前一直讨论下去。

第二步，如果大家的观点不统一，就需要在场具有足够权力的人做决定。

第三步，如若需要请教会议室以外的高层提建议，问题应该先搁浅，隔日再议。

其实实际工作中遇到的问题也就这么几点，所以卡莉很坚决地说："若我们每完成一项讨论就应该翻过去一页，而且翻过去的那一页不能更改。在此期间，大家可以争论，也可以做任何决定，但唯一不能做的就是反悔。"

当准备股票发行路演材料时，卡莉的方法得到了充分的印证。因为在她建立的良好的团队和决策机制下，很多同事之间仿佛建立了亲情，也有了共同的奋斗目标，大家干劲很足，而且思想也越来越积极向上。

股票发行路演的服务团队一共分为三个，公司的三个执行官各自带领一个团队。他们彼此都很上劲，对公司的情况也摸得一清二楚。所以，在服务团队强大的感染力之下，不少投资者纷纷自掏腰包。就连《华尔街日报》也给予了本次路演高度的赞扬，甚至还在新闻栏报道："啊，原来这么热闹！难道是滚石乐队在演出吗？不然就是巨星芭芭拉·史翠珊在表演？其实都不是，原来是朗讯公司的股票发行路演。"

一个伟大的团队将能带领所有人走上事业的巅峰，当卡莉深入到团队的合作中时，才颇有意味地体会到这句话的意思。股票发行路演很累，连续三周以来，每天都有至少八场的发言。卡莉或是急速地穿梭在来来往往的人群中，或是闷在办公室准备演讲稿。虽然身体上早已疲惫不堪，但她却体会到精神上带给她的最大享受。尤其当她与亨利·斯查特还有吉姆·拉斯科组建成高效率的团队后，卡莉的兴奋劲头就从未消失过。

1995年1月，卡莉率领团队向员工们介绍了公司的名称还有标识。那是一个激动人心的时刻，所有员工都在忐忑地期待着。台下的掌声好像雷声滚滚而来，呼喊声犹如海水般没有预料地拍过来。当亨利·斯查特轻轻为公司的标识揭幕时，所有人的目光都凝聚到了大红色的圆环上。紧接着，在屏幕上反复滚动着朗讯科技公司的广告片。不单单是欢呼跳跃的员工们在呐喊，卡莉也忍不住流下泪来。因为她清楚，这一切来得太不容易了，她必须好好努力，好好珍惜。

自从网络系统公司从AT&T中分离出以来，卡莉所带领的团队蒸蒸日上，而AT&T的表现却明显不容乐观。而今，朗讯科技公司正式成立，所有的员工都干劲十足，未来发展的势头明显盖过了正在分家产和甩包袱的AT&T。后来，卡莉在谈判中结识了不少AT&T的朋友，他们偶尔会给卡莉打电话抱怨："卡莉，你说我们以前做的决定是不是错了？当初没有人看好你们公司，而今你们公司却变了样，我们反倒成了最被人看不起的了。"

对于这个问题，卡莉也不知道从何回答。但她唯一可以确定的是，一个公司的成功离不开团队的努力，也离不开员工们的付出。这些年来，她在长年累月的打拼中深刻体会到团队精神和共同目标的巨大作用。她也在摸爬滚打中知道，只要一个团队有好的领导，能够获得更多的支持，也有合理的计划，就一定能克服工作中扑面而来的困难，重新树立起信心，争取更大的成就。

第六章

重大抉择
机会掀起神秘面纱

付出：老公司站上新起跑线

1996年，卡莉再次晋升。两年的时间，她从运营执行副总裁成功晋升为消费品部总裁。然而，卡莉从来没有因为晋升就放弃早前养成的严谨的工作态度，她在新岗位适应了才三个月，就发现了消费品部所出现的一系列重大问题。

针对产品小，生产成本高，竞争力不强的问题，卡莉找到了亨利·斯查特和里奇·麦金，并希望他们能够及时了解问题，做好对市场的把控。

那天的谈话很长，每一步、每一个细节都很深入。卡莉也将所有能搜索到的信息给他们作了一一分析。在会议的最后，她对所涉及的细节做了整合，一共列举出三个解决方案。

第一个解决方案，可以延续老路子走下去，但必须要做相应的提高。

第二个解决方案，花费大量的钱财打造品牌，自己做大量的投资。

第三个解决方案，整体或部分地削弱消费品部。

三个方案尽管看起来一目了然，实际上每一个方案都有各自的缺点。卡莉想了很久，觉得第三个方案可实施性最强。她对亨利·斯查特和里奇·麦金说："朗讯公司目前还没有完全成型，因此很多计划都无法准确地实施，所以，如果消费品部不能改善现状，永远在背后拉开差距，过不了多久就会给整个朗讯公司带来巨大的灾难。我认为，公司目前无力作新的投资，所以想成为行业的领头羊是不可能的。"

卡莉的话说得有点重，让亨利·斯查特和里奇·麦金很失望。其实，这也是一件没有办法的事情。她不可能欺骗大家，一直以来，卡莉心中都有一个真诚的标杆，无论遇到多么大的困难，她都不会逾越过去。

来到新的岗位以后，卡莉并没有把她与亨利·斯查特和里奇·麦金的谈话都告诉员工。不过，她却毫无保留地向他们说了消费品部面临的挑战和局限性。卡莉很清楚，消费品部的很多员工都需要有一个人来领导，如果领导得好，就能创造更大的辉煌。因此，她从未放弃任何与员工交流的机会，同时也积极地将目光放在竞争对手身上。

卡莉认为，他们现在的选择无外乎两点，一个是利用现在的资源将工作做得更好，另外一个就是什么都不要做。不过，做得更好其实并不容易，它需要对整体工作有缜密的部署和细致的谋划。不过在这一点上，卡莉似乎一点也不担心。

不论是哪一个领导者，都需要面临新的挑战。对于卡莉来说，同样如此。在消费品部，荷马·菲洛扎西就是一个刺头。他是无线通讯设备业务的负责人，也是一位心机极重的人。他始终认为，除了他以外，整个无线通讯设备业务的其他人都没有资格坐上卡莉的位置。当然，他的高傲是有道理的，至少在卡莉看来，他的想法并没有错。

针对公司出现的状况，卡莉率先召开了一次她所在部门所有重要成员的会议。虽然大家讨论得很困难，但卡莉还是列举出了解决困难的具体方法。她想努力扭转公司遇到的困境，将其往正确光明的道路引导。卡莉认为，他们正在面临前所未有的灾难，而这场灾难的解决方法只能是变革。

会议当天，荷马·菲洛扎西没有多说什么，实际上，他已经连续两个多月没怎么说话了。当卡莉说要变革时，他却很自觉地站起来，大声说："就目前的状况来看，我想没几个人会欢迎，所以我觉得消费品部应该多花些钱和时间来解决遇到的问题。而今，朗讯公司并没有把注意力放在消费品上，因此大家应该团结起来，开启漫长的长征计划。当然，如果有人觉得累了，可以选择中途放弃。"

在变革的路上，卡莉不断拉新成员进来，在消费品部工作多年的罗格·斯宾塞就是其中一位。他办事稳妥，遇到困难总能找到合理的解决方案，因此，每当卡莉和其他员工遇到磕磕绊绊的小事或拿不定主意的大事时，都会选择找他商量对策。

在卡莉的不懈努力下，消费品部取得了空前的成功。大家开始忘我地工作，热情和激情也越来越高涨。亨利·斯查特和里奇·麦金经过深思熟虑，决定采用卡莉提出的第三个方案。很显然，站在大局的角度来看，这个做法是正确的，因此，他们需要寻找到新的合作伙伴。

不久之后，他们和飞利浦公司达成协议，创建了一家合资公司。这家新公司主要借助飞利浦在消费品生产和配送的优势，从而进军通信市场。但是，由于飞利浦公司主掌了新公司，因此新公司的首席执行官也应当由飞利浦方面的人员担任。

飞利浦方面的首席执行官并没有给新公司注入活力和激情，相反地，却增加了新公司的负担。他并不能客观地执行战略选择，也无法领导公司员工融入团队之中，因此，卡莉对这位首席执行官一点也不满意。

到了新公司筹建的第二年，卡莉马上意识到组建新公司的合约并没有带来令人满意的结果。要知道，战略关注的是选择，而执行是为了让选择更加有效。如果新公司的领导层无法执行战略选择，那将会给新公司带来难以估量的损失。

为了解决这个问题，卡莉专程来到纽约，与飞利浦公司的高层见了面。她很直接地表达自己的观点，她认为首席执行官如果不换掉，那么新公司的很多战略必然会被搁浅。卡莉始终觉得，作为领导，应该果断地决策，也应该能排除很多个人因素干扰。领导既要融入团队，又要能从团队中脱离出来，站在比成员高的位置看问题。很明显，这位首席执行官做不到这一点。

卡莉虽然说服了首席财务官，但是他却不敢下达命令。最后，卡莉不得不与销售品部的员工说再见，并开始慢慢淡出了工作圈。

令卡莉没想到的是，更大的困难也在朗讯公司炸开了锅。亨利·斯查特要宣布退休，其实这并不是他心甘情愿的决定。因为里奇·麦金的挤兑，他不得不让位。当亨利在朗讯公司高级主管面前发表离别感言时，里奇·麦金很不耐烦地掐着手表。他在暗示亨利·斯查特，如今的一分一秒都是他的，亨利·斯查特说的每句话都将是废话。

亨利·斯查特退休没多久，里奇·麦金就开始了他的野心计划。他打破了亨利·斯查特曾经苦心经营的团队合作，进而设置了两个首席运营官。其中一个是丹·斯丹兹昂，另外一个是本·弗瓦扬。

里奇·麦金的野心远不止这些，他还将朗讯公司的三大块业务划分成十一个部门，每个部门都有一个总裁领导。而且各个部门自负盈亏，不再受以往大集体的制约。

随后不久，里奇·麦金又设立了一个双层管理体制。一个是运营委员会，另外一个是管理委员会。由于各自都不知道成立的意图，所以一开始，两个委员会就展开了激烈的斗争。

卡莉和里奇·麦金一起工作有五年之久，当里奇·麦金晋升以后，他很快给卡莉安排了一个职位——全球服务提供事务总裁。虽然表面上看是朗讯公司最重要的职务，但卡莉很清楚，她所能掌管的资源非常少，而且如果想实现高营业收入，没有资源显然是不可能的。面对公司的尔虞我诈，卡莉感觉到从未有过的疲惫。卡莉没有很快答应里奇·麦金的工作安排，她思考再三，决定向里奇·麦金请假两周，还说等她回来时再答复他。

那是卡莉自从工作以来第一次有那么长的休假时间，她和弗兰克还有卡罗尔、格雷格·斯普瑞尔去了意大利。四个人中途到了大大小小的旅游景点，身心都获得了极大的放松。卡莉突然发现，有时间陪陪家人，远离庸碌的工作也挺好。

当卡莉在威尼斯河上泛舟的时候，她接到了里奇·麦金打过来的电话。里奇·麦金说得很直接，他要给卡莉更多的公司股票，还要给她加薪。如果换作别人，如此丰厚的待遇或许会动心，但卡莉不会，因为当时的她并不会被金钱诱惑。她只是想给朗讯公司作贡献，一份能让公司步入正轨的贡献。

1997年11月，卡莉作出了决定。她要留在朗讯公司，而且要再干两年。里奇·麦金以为说服了卡莉，但他不知道的是，卡莉从未关注过他的存在。她满脑子中都装满了六个部门之间的合作，也在为实现更高的绩效目标而努力。实际上，绩效目标的实现并非那么简单。只有他们之间相互配合、互相合作才有可能从困境中走出，继而取得成功。

在接下来的工作中，卡莉一直在考虑如何实现这个目标。她和几个总裁还有丹·斯丹姿昂、本·弗瓦扬经常在办公室碰头，只为商议解决对策。卡莉之所以让丹·斯丹姿昂和本·费瓦扬参与讨论，就是因为他们两个是那些总裁的负责人。

卡莉很清楚，虽然她要实现的目标很有难度，但是经过必要的努力还是有希望的。所以，卡莉目前要考虑的是如何定义成功，而且还要了解哪个人负责哪一个板块。对于员工的奖励办法和评价，他们之间也必须达成共识。因为，如果不愿意配合的人晋升的职位远远比十分配合的人要高，而且要快的话，其他人心中会产生严重的不平衡，甚至会觉得有糊弄他们的嫌疑。

在艰难的工作面前，卡莉没有退缩反而越战越勇，她还在平时的工作中又结交了一个好朋友——本·弗瓦扬，直到今天，他们两个依旧是很好的朋友。在卡莉和本·费瓦扬眼中，他们很清楚里奇·麦金的领导风格存在哪些问题，所以，他们决心改革弊端，并一起为了朗讯美好的明天而努力。

卡莉一直很坚定地认为，开一场联席会议很有必要。她希望大家在今后的工作中都能听到一致的命令和声音，因为谣言的流传和神秘感的存在对业务百害而无一利。另外，卡莉也想让大家尽量避免口头交流，而把绝大多数的时间花在书面材料的整合上。因为，只有拥有内容清晰、前后一致的决断，才能让员工消除误解，向着一个正确的方向前进。

卡莉很喜欢对大家说一句话："如果有些事不能改变，就应该试着描述它。"针对现状，卡莉给团队起了一个很不错的名字——脱胎于网络系统公司的业务单位。由于当年是中国农历的龙年，卡莉还做了一件背后绘有龙的T恤分给大家。没想到，大家都很喜欢这件T恤，六个团队也凝聚团结在了一起。尽管这样的做法看似有点荒唐，但卡莉相信，即便他们没有好听的名字，没有令人狂喜的战绩，也一样可以变成一支强有力的队伍。

不久后，卡莉的团队遇到了一个很大的挑战。引起这个挑战的导火索，正是朗讯公司收购了Ascend通讯公司。事实上，里奇·麦金一直想确保朗讯的新业务不受影响，因此他不得不让Ascend保持超然独立的地位。就这样，朗讯形成了两个独立的销售队伍，一个是由本·费瓦扬负责的朗讯产品销售队伍，另外一个则是由丹·斯丹姿昂负责的Ascend产品销售队伍。然而对于卡莉来说，这并非是一件好事，因为她是朗讯产品销售队伍的领导，而Ascend产品的销售又迫切需要两个团队之间的相互配合，所以，如此大的重担就这样压在了她的身上。

朗讯公司收购Ascend花了将近240亿美元，而Ascend的市值实际上只有14亿美元。因此，朗讯收购Ascend看重的正是它未来的发展前景。Ascend的总部设在硅谷，正是美国的科技发展中心。对于朗讯来说，有了Ascend做保障，以后的发展之路走得也就更加顺畅了。不过，Ascend的销售主管并不让人满意。他为人傲慢，做起事情来通常也不按常理出牌。他喜欢说一些"黄色段子"，所以每次与客户开销售会议的时候，他常常让女性参加，其目的就是为了增加"乐趣"。这位销售主管除了平时的作风很特别以外，他的穿着打扮也很另类。若碰到商务休闲会议要参加时，他从不穿得体的衣服，取而代之的却是一条运动短裤和一双人字拖鞋。

卡莉了解到，Ascend的销售团队基本都是男性。其实不光他们如此，很多硅谷的公司都这样。然而朗讯的销售人员有一半是女性，而且不少高层也都是女性。这样的一个布局，明显让Ascend瞧不起。另外，朗讯没能很好地融入新的世界秩序中，甚至可以用"旧经济"一词来形容。

当问题来得很猛烈的时候，里奇·麦金做出了一个很不错的决定。

他和丹·斯丹姿昂在加州召开了两个公司销售人员的联席会议。卡莉认为，这样的一次见面很有必要，而且也是两家公司后续合作的关键。其实早在会议召开前不久，卡莉一家人和弗兰克的姐姐、姐夫去了维京岛度假。在那段短暂的旅途中，她一直在思考会议中可能产生的问题，她在想如何能赢得 Ascend 公司的尊敬，如何才能尽快和他们平起平坐，怎样做才能发挥自己的优势。

卡莉想的这些问题，其实也是她会议上要回答的问题。因此，不光公司的人陷入无穷无尽的紧张氛围之中，就连卡莉自己也很难找到完善的对策。相比较 Ascend 公司完美的声誉，朗讯公司简直无法和他们比拟。就在卡莉收拾好去加州参加会议的行礼时，弗兰克对她充满了关心，多次询问她有没有做好准备。卡莉很自信地告诉他没问题，临走前还向弗兰克借了几双袜子。

这件事只有她自己清楚，至于借袜子的用途，卡莉从未向弗兰克透露半分，因为卡莉很清楚，如果把这件事情告诉了弗兰克，也许他会不同意她这么做。卡莉之所以没有告诉弗兰克自己的想法，也是为了不想让他为自己担心，因为不论是谁，面对她如此疯狂的想法，或许都会吓一跳吧。

为了参加这场会议，卡莉故意把自己打扮成一个休闲女孩的模样。她穿了一条松松垮垮的牛仔裤，并且配上了一双牛仔皮靴。会议最开始先由里奇·麦金和丹·斯丹姿昂发言。紧接着，Ascend 的首席执行官和首席运营官相继发表了言论。卡莉的目光一直锁定在销售主管身上，他此刻正穿着一条运动短裤，脚下踏着人字拖。面对里奇和丹的演讲，他似乎一点都不在意，脸上总是带着浅浅的不屑。等轮到他发言时，销售主管很骄傲地说了一大堆团队未来合作以及成功的可能性。卡莉听得很认真,她也觉得这位销售主管说得有道理。

整个会议的高潮来自于卡莉的演讲。她采用了幻灯片的形式,向大家展示了很多数据。除了这些以外,她还审时度势地分析了他们未来要共同面对的前景,而所有的前景主要包括客户、地理以及产品等。卡莉认为,大家的合作是一件很严肃的事情,所以,彼此都必须抓住机遇,也要学会应对挑战,而且合作是建立在共同机遇的基础之上的,所谓共同机遇,就是不能自私地只把机会揽给自己,要学会共同分享。另外,卡莉也觉得,合作应该建立在互相信任、互相尊重的基础之上,不能时时摆着一个唯我独尊的模样。

卡莉不留情面地告诉他们,互相尊重的前提就是要求彼此必须说出心里话,卡莉最想说的心里话是:Ascend 的男人是一群牛仔,他们自以为是,根本不懂得客户对于高品质客服的要求。

听到卡莉的指责,很多 Ascend 公司的男人露出了一脸的不悦,他们或是在下面小声地冷嘲卡莉,或是小声抱怨卡莉言语粗暴。但是,没有一个人敢站起来打断她的话,大家似乎又带着一种畏惧。

卡莉没有停下来述说,反而义正词严地解释说,他们曾把她的团队想象得更糟糕,所以目前她的话说出来也丝毫不过分。卡莉并不认为她说的话有多么严重,与他们背后捅刀子的行为相比反而要轻很多。

语音一落,台下乱成一团,先不说 Ascend 公司的男人,单单是里奇和丹就已经看不过去了。他们担心卡莉会弄巧成拙,最后使得整个会议功亏一篑。

卡莉没有理会大家的窃窃私语,她一脸严肃地走下讲台。从她的口中,大家听到了一个女高层的心声,也听到了她的坚韧和愤愤不平。卡莉从不觉得自己是个女人就要比男人差一个档次,她甚至觉得男人能办到的事情自己也可以办到。对于很多人的讽刺，她常常表现出一副满不在意的样子，但如今，她不再压抑自己，也不再妥协退让，她要释放愤懑，要将心中的全部想法都说出来。

卡莉的目光扫视了在场的所有人，很镇定地指了指脚上穿的牛仔皮靴。面对大家的疑惑，她侃侃而谈，将牛仔皮靴与人字拖做了形象的对比。在卡莉眼中，她所做的一切只是为了给销售主管看，因为如果她妥协退让的话，换来的一定是销售主管更加肆意妄为。然而大家都没想到，她会在会议上作出这样让人匪夷所思的事情。

卡莉不惜以爆粗口的方式融合他们，听到卡莉逗趣的言论，所有人都大笑起来。尤其是里奇，竟从椅子上硬生生摔了下来。一向自高自傲的销售主管再也按捺不住了，起身走到讲台中央，几分无奈几分赞同地说："卡莉，我真的对你服气了，好吧，我现在认输了。"从此，他再也不扬起高傲的头，反而很自觉地与卡莉站在一起，接受大家的提问。

虽然在别人眼中看来，卡莉的做法明显很低俗，而且她还是一个女人。但这并不影响事情的发展结果，至少卡莉很明确地向大家说清楚她的想法。卡莉总是一个有想法的女人，不论遇到什么样的人，也不管事件多么棘手，她都有化解的方式。但是，这种方式并非所有人都能接受，若她没有足够强大的勇气，没有惊人的魄力，定然支撑不起来整个会议的局面。

孤独：母亲为什么不说话就走了

1998年秋天，卡莉遇到了人生中两件大事。第一件事，她从无人问津的小职员一跃成为小有名气的商界精英；第二件事，那么疼爱她、关心她的母亲去世了。虽然表面上看一个喜一个悲，但两件事其实又有相同的作用，它们的产生无不在影响着卡莉的生活，使她变得越来越孤单。

在朗讯工作的那段时间里，卡莉遇到了形形色色的人，也见证了一个又一个的辉煌。其中，凯西·菲茨杰拉德就是她印象最深的一个。凯西·菲茨杰拉德在朗讯主要负责市场营销和公共关系。相比较其他同事，凯西总能带给人无穷无尽的学识。她办事效率高，而且从未有人怀疑过她的权威。卡莉与凯西是要好的朋友，两个人在网络系统公司上班时曾一起工作过。很多年来，她们的关系一直维持得很好。

有一天，凯西给卡莉打电话，说有一件很重要的事情要告诉她。当卡莉得知要接受记者采访时，其实心里是有几分抵触的。因为在公司工作的这几年，她很少与记者有过多的交流。但这件事毕竟是凯西牵得头，她又不好意思拒绝，所以就答应下来了。

采访卡莉的是《财富》杂志的记者，他们最近要办一期新的栏目，主要评出"商界最有权威的50位女性"。在朗讯公司，有很多高层其实都是女性。不过记者说，他们最想采访的是卡莉和帕特·拉索。其实卡莉早就知道，凯西·菲茨杰拉德很希望媒体能关注朗讯，也希望更多的人了解朗讯的管理层次。这是一次绝佳的机会，她想通过媒体的传播力度将朗讯"发扬光大"。

几天后，卡莉和《财富》杂志的记者帕蒂·塞勒相约在凯西的办公室。他们设计了很多问题，采访卡莉将近一个小时。最后离开的时候，帕蒂·塞勒仍旧意犹未尽的沉浸在刚才的谈话中，她在那时就已经感觉到，卡莉将会是所有采访者中最非同一般的一个。

果然，过了几个星期后，卡莉接到了凯西的电话，说她和帕特·拉索一起闯进了前十名。而且《财富》杂志的记者要来给她们拍照，要进行杂志大规模的宣传。又过了一段时间，卡莉在办公室加班时突然接到了帕蒂·塞勒的电话。这一次，她感受到从未有过的紧张。原来，最后的结果竟是，卡莉当选为"最有权威的商界女性"。

听到结果的一刹那，卡莉惊呆了。她从未想过这些，而当初的参与只不过是为了宣传朗讯。也许世上的很多事都是这样，万万没想到或者本就不抱希望的事情，到最后的最后，有可能峰回路转，变成最具希望的希望。

从第一次接受采访，直到此后的六年里，卡莉一直蝉联"最具权威的商界女性"的桂冠。虽然很多巧合仿佛一场电影片段，编织成卡莉最独一无二的梦。但是，她仍然觉得这并非一件好事。因为越是参与评选，就越能带出比赛的残酷性。尽管没有"最具权威的商界男性"的评选，很多男性也不必揪心于谁胜谁负。但是，更多的商界女性反而被这样的评选裹挟进来，她们或是在相互厮杀，或是尔虞我诈。总之，但凡能取得比赛的胜利，她们一定会努力争取。

《财富》杂志并不关心报道所带来的负面影响，他们只管如何赚钱。因此，越是大家众望所归的人，到最后就越容易成为最不可思议的落败者。卡莉的出现，成功将奥普拉·温弗瑞赶下台，荣登最后胜利的宝座。但她从不认为自己哪里比奥普拉·温弗瑞优秀，她甚至将自己和奥普拉·温弗瑞的对比用"可笑"来形容。

卡莉的名气很快流传开，渐渐地大家都知道了她是"最具权威的商界女性"。之后的日子里，每当她走过一个地方，都会听到相同地提问："卡莉，你对登上'最具权威的商业女性'的宝座有何感想？"

说到感想，卡莉最开始并没有深刻体会到什么。她只是被人们热烈地簇拥着，就像成了大家的"公共财产"一般。事实上，那样的滋味并不好受，甚至有种被全国各地"监督"的无奈。卡莉认为，一个名人的崛起很不容易，要历经无数次的失败和磨难才有希望实现。但是一个名人的跌倒却是很容易的，有时在不经意间就能酿成。她很清楚大家的心态，那是一种一心只为猎奇而生，只关注名人崛起和衰落的心态。

卡莉的母亲看到《财富》杂志的报道时已经病倒了，她病得很严重，甚至比家里所有人想象的都可怕。但是，她依然坚强地活着，她对生命的渴望和对生活坚韧不拔的毅力，成了此后卡莉成功路上不可缺少的支撑。

1998年1月，卡莉的母亲病得更重了。每当卡莉回家时，总能听到母亲向她倾诉说膝关节和腕关节疼痛。从冬天到春天，又从春天到夏天，母亲越来越憔悴，脸上的皱纹明显比以前要多。即便是她平时喜欢吃的东西，如今到了嘴边也咽不下去了。

1998年8月，卡莉接到父亲打过来的电话。原来，此刻的母亲已经病得挪不开身。她本想跟着父亲一块来新泽西州住一段时间，可母亲逐渐衰落的身体早已禁不起来回的折腾。听到这个消息后，卡莉第一时间回到家中。她带着母亲辗转了多家医院，又和多位专家进行面对面的沟通。在大家的一致决定下，母亲开始在家中接受全天候的监护，而卡莉，除了每天忙碌工作之外，每两个星期还会于新泽西州和加州之间来回穿梭。

在卡莉眼中，母亲很独立，她这一辈子都不愿意麻烦别人，也不愿过多地照顾自己。如果她觉得自己是累赘，就会第一时间选择离开，到一个安静的地方过一个人的生活。母亲又很忌讳看病，医生给她诊断出类风湿性关节炎，又给她开了药，她却总不愿意服用。这样执拗的性格让母亲逐渐消瘦，直到最后再也没有气力了。后来，卡莉把母亲的房间搬到了一楼，就是为了避免她再次爬楼梯。

当母亲看到《财富》杂志对卡莉的报道时，从未有过的喜悦顷刻从脸上浮现出来。她觉得卡莉长大了，变得越来越有出息了，以后的道路，肯定也能越走越好。只不过，母亲很想和卡莉住在一起，哪怕住得近一点，只要能天天看到她，就心满意足了。当母亲很忧伤地叹气说，她们要是能住得近一点就好了时，卡莉却很不舍地告诉母亲，她的家庭和工作都在东部，但如果母亲需要她，即便风霜雪雨，再恶劣的天气她也要赶过来。

母亲明白她的难处，所以也只是漫无目的地叹息。她一直强调卡莉要是住得近一点就好了，就好像一会儿都离不开卡莉，永远想和她住在一起一样坚决。母亲操劳了一辈子，卡莉每次来看她都会想起很多小时候的事情。她极不想离母亲那么远，因为太远就无法尽孝道。但工作和家庭，还是让她作了这个残忍的决定。

在母亲看完《财富》杂志对卡莉的报道以后，她更加坚信卡莉有一天一定能当上惠普的首席执行官。她希望卡莉进惠普除了看重巨大的发展平台以外，也在于惠普距离加州比较近，她希望卡莉不要离她太远。

后来，卡莉果真实现了母亲的夙愿。她成功担任惠普的首席执行官，而那天母亲已经不在人世了。

1998年11月，体弱多病的母亲再次住进医院。卡莉忧心忡忡，对母亲的身体格外担心。她告诉姐姐克拉拉，自己马上回加州，要多待一段时间陪陪母亲。当克拉拉把卡莉回来的消息告诉母亲时，却换来了她一句决断的"不要回来了"。其实母亲并不是不想见卡莉，只是不想因为自己而影响了她工作。

出于对母亲的关心，卡莉还是来到了母亲住的医院。没过多久，医生告诉他们说，母亲患的是急性血管炎。大家听到这个消息后还是有点释然的，相比较难以治愈的癌症，这个病症存活的希望很大。母亲做完手术后，卡莉又在家中住了一段时间，才依依不舍地离开。但令卡莉没想到的是，那次见面竟成了她与母亲今生的诀别。

1998年11月30日，卡莉登上了朗讯的飞机。这一次，她要和本·费瓦扬去欧洲出差。登飞机之前，她像往常一样拨通了母亲的电话，很亲切地寒暄了一阵子。卡莉还对母亲说，让她不用太担心自己，过几天她就回去，而且会立马过去看她。

母亲言语中带着感伤，那是卡莉最后一次听到母亲的声音，也是最后一次听母亲说一句很肉麻却很让人心疼的话："卡莉，我真的很喜欢你。"说完，便再没有要说的话了。挂了电话后，卡莉总觉得心中惴惴不安。她也说不上哪里有问题，但就是恐慌、难过。在飞机飞行了四个小时后，卡莉决定给加州打一个电话。

不知道是不是有神灵的庇佑，就是那一个电话，让出差在外的卡莉再次感受到母亲变化的气息。姐姐克拉拉告诉她，今天，母亲作了一个决定。她不想住在医院了，她要离开这个昏天暗地的地方，不再服用药物。从此以后，不打算吃饭，也不打算喝水。

姐姐的话让卡莉十分担心，她没想到母亲竟然会作出这个决定。她像发疯似的询问姐姐母亲的状况，甚至要母亲接电话。但最后，仍旧没有任何用。母亲不想与她说话，似乎在逃避，也似乎在等一个结果。克拉拉很失落地对卡莉说，母亲正在家等她回来，直到她亲口跟母亲说话为止。

听到这样的回答，卡莉的脸上立刻挂满了泪痕。她不知道自己哪里做错了，也不知道母亲为何作这个决定。如果说以往的母亲想让医生主宰她的生死，那么现在，她要自己把握自己的生命。

卡莉的飞机在大西洋上空航行着，玻璃窗外漆黑一片。她的心随着长夜一块沉沦，忧伤、落寞，也不知道哪个词能形容得真切。她思索了一会，马上收起难过，询问驾驶员能否立马返回美国。然而，飞行员却告诉她一个很失望的结果，燃料不够了，无法掉头。

卡莉让飞机在最近的一个机场降落，紧接着，她赶忙去售票厅买了一张回家的头等舱机票。但令卡莉没想到的是，飞机要等到六个小时之后才能起飞。

在她焦灼地坐在候机厅等了几个小时后，却又听到服务员告诉他们，飞机出了故障，目前正在修复，还要等三个多小时。就这样，等卡莉坐上飞机时，已经是十个小时之后的事情了。

卡莉在等飞机时，在一个人的世界里缄默着，她不停地追问自己："妈妈为什么不接我的电话，可来欧洲之前还有说有聊的？难道我哪里说错了话，让她开始反感我了？又到底是怎样的事情才让她狠下心，不顾一切地放弃生命?"

　　虽然想了很多,但卡莉仍旧没有找到答案。她像一个迷路的孩子,一直活在虚幻和自责的世界里。一想到在加州卧床不起的母亲,一想到她不再饮食、不再喝水的做法,卡莉就感觉毛骨悚然。没错,她担心,甚至陷入了无穷无尽的懊恼之中。她感觉亏欠母亲的太多了,早在她说想让卡莉住近一点时,卡莉就应该知道母亲想她念她了。可有时为了工作,她还是做了亏欠母亲的事情。

　　当飞机还没有着陆旧金山时,卡莉仍旧保持着面上的镇定。却也只是面上的,她的心其实早已沸腾了。回到家中,看到卧病在床的母亲,卡莉的心又悬了起来。此时,母亲已经神志不清,甚至连一句话都说不出来。那天晚上,卡莉一直坐在母亲的床沿上,看着她憔悴的脸庞,一宿没有合眼。

　　1998年12月2日凌晨5点钟,母亲在家人的陪伴下慢慢闭上了眼睛。卡莉的泪止不住地落下来。母亲离世时的场景一直浮现在卡莉的脑海中,她那样伤心,无尽的恐惧像无边的黑夜突然降临。从小她就害怕失去父母,直到今天,她才从很多年的阴霾中走出来。

　　从今以后,卡莉不再惧怕世上的任何困难,因为世上的任何事与失去母亲这件事相比,都显得那么微不足道。

机会：惠普的选聘

1999年2月，深夜。正在公司忙碌的卡莉突然接到一个陌生的电话，电话那头是一个男人的声音："嗨，你好，卡莉·奥菲莉娜。我是Christian & Timbers公司的杰夫·克里斯汀。希望这个电话没有打扰到你，你先别挂电话，我想告诉你一件事：你将有机会成为惠普公司的首席执行官。"

当听到这样的消息时，卡莉突然被震惊住了。这项工作极其富有挑战性，若是初来乍到的新人，恐怕并不能胜任。即使卡莉在朗讯摸爬滚打了很多年，可一想到是惠普的首席执行官，多少有点不安。

惠普的两位创始人分别是帕卡德和休利特。他们曾经在车库创业，后来成就了硅谷经典的创业传奇。但是，随着时间的积累，公司一直处于不上不下的境地，增长和创新也都止步不前，因此也有人称惠普为"硅谷老太太"。

卡莉受杰夫·克里斯汀的邀请，来到修尔特山庄的希尔顿酒店一起共进午餐。其实当她真正走进酒店的时候，一向自信的卡莉突然有点害怕了。她担心遇到朗讯公司的人，引起不必要的误会。甚至，她还有可能被炒鱿鱼。

昨天晚上，当卡莉听到杰夫·克里斯汀说她有可能成为惠普的首席执行官时，一个疑问就出现在她的脑海中：为什么这个人会是她？

两个人见了面后，卡莉很快提出了她想了很久的问题，到底是什么原因才选了她？杰夫·克里斯汀看着她有点不可思议，又有点惊喜的眼神，不自禁地轻松笑了笑。不光是卡莉，应该很多人都会诧异。目前的惠普公司正处于巨大的变革时期，所以首席执行官的选择显得非常重要。卡莉既非工科出身，又不是惠普资深的员工，而且还是一位女性，无论是谁，对此都会产生巨大的疑问。

实际上，董事会之所以选择卡莉，基于三个原因：第一，董事会需要一个能引导变革的爱将，而就目前的发展势头看，卡莉非常适合，至于原因，朗讯从AT&T中分离出来与目前惠普的拆分计划很吻合。卡莉在这方面的经验比很多人都丰富，董事会认为她可以担当大任；第二，董事会希望接下来的首席执行官能尊重惠普的公司文化，所谓公司文化，就是在制定公司战略时要考虑惠普原本的公司理念；第三，从朗讯公司上市前的公开招股，一直到后来的多次合作，卡莉成功打开了惠普的"市场"，不少员工都向董事会推荐了她。

卡莉从杰夫·克里斯汀那里了解到，惠普的董事会为了选择首席执行官，专门成立了一个遴选小组。在这个小组中，包括很多惠普高层骨干，其中就有董事会主席兼首席执行官路·普莱特，还有董事会的提名管理委员会主席萨姆·金尼等。

卡莉开始意识到，她必须保持清醒的头脑，因为接下来任何一个决定都是致命的。所以，她必须向里奇·麦金坦诚以待，还要确保惠普的高层足够了解她。另外，她也应该知道自己未来去哪里发展，并不是盲目地服从。

卡莉想清楚问题后，再次回到朗讯工作。就在她陷入繁忙的事务中时，一个电话又将她带入无尽的思索中。打电话过来的是路·普莱特，他希望和卡莉见一面。但是，他们的见面必须是保密的，不能让任何人看到。于是，路·普莱特专门派了一架飞机，将卡莉接到了圣何塞机场。卡莉在惠普公司的飞机场的机库中，见到了有些疲惫，脸上却依旧洋溢笑容的路·普莱特。

两个人的谈话持续了好几个小时，这比卡莉预期的时间要长很多。她从路·普莱特口中听到了很多关于惠普公司的信息，也了解了惠普公司近几年的现状。他们两人从谈论公司文化到公司目标，涉及了方方面面的信息。卡莉从路·普莱特口中听到最多的就是"变革"，而目前惠普公司面临的最重大问题依然是变革。

路·普莱特的态度令卡莉很意外，他一边谈着惠普曾经的辉煌，又一边说着如今不堪的境况。卡莉从他脸上看到了失望，也感受到了沉甸甸的责任。说实话，这样的情绪不应该从一位公司高层身上流露出，但他的确对卡莉坦诚以待。

当两人的谈话即将结束时，路·普莱特突然露出了笑容，起身和卡莉握手说，他已经好久没这么开心过了。其实不止他很开心，卡莉一样也被喜悦所包围。她想象着惠普的明天，也期待着和路·普莱特美好的合作。只是，在被兴奋冲刷后，卡莉又产生了小小的惊恐，毕竟惠普面临的困难和挑战太大了，她一个人绝对承担不起。

告别了路·普莱特后，卡莉又开始了与遴选小组下一个成员萨姆·金尼的面谈。这次，他们的谈话地点依旧是飞机场。相对于卡莉经常旅行工作的习惯，若有人在飞机场碰到她，也绝对不会产生疑心。事实上，她正是因为担心朗讯公司或者媒体的曝光，所以才选择了这样一个地方。

萨姆·金尼给卡莉留下了很深的印象，其实两人很早就有过交集。萨姆·金尼总是带给卡莉强势和快人快语的感觉，但这一点丝毫没有影响两人的交谈。萨姆·金尼认为，卡莉并不了解惠普员工的情况。实际上，惠普的员工并不像 AT&T 那样频换岗位，所以，他们基本上都有扎实的专业知识。但如此一来也有一个致命的缺点，就是太过"专业化"，从而不能产生宽阔的眼界。

卡莉明白，萨姆·金尼的话正向她传达一个重要的信息。惠普要找的首席执行官，必须有开阔的眼界，也必须有良好的心理素质，因此，"变革型的首席执行官"一词也便应运而生。

对于惠普为什么会出现分权化，卡莉给出了一个结论，她觉得，惠普很多的部门都是独立运营，独立的结果会导致权力的不均和分歧化。当初她作为惠普公司的客户和潜在商业伙伴的时候，就已经发现了这个问题。实际上，这也是惠普公司的一个历史遗留的问题。目前来说，导致这个问题的主要原因在于，公司缺少好的战略，也缺少有才华的领导人。

卡莉一直想不明白，他们一个主抓理工科的公司，为什么会选择她？毕竟卡莉从未接触过电脑技术，也从未深入了解过通讯科技。萨姆坚定的话语打消了卡莉的顾虑，他告诉卡莉如今是网络信息化的时代，通讯科技和电脑技术的联系越来越密切。况且，朗讯从 AT&T 中分离出来的实例正可以应用到惠普身上。

不过，卡莉并没有觉得很适合。她反而觉得自己的教育背景与惠普相差悬殊，况且自己还是一个女性，并非理工科出身，这些都有可能限制她成为优秀的惠普首席执行官。其实，萨姆·金尼也有过担心，不过他对卡莉的信任大于质疑，所以这些疑虑也就烟消云散了。

和萨姆·金尼谈完话后，卡莉显得有点沉闷。她不知道接下来会遇到什么困难。也许还会有人再找她谈话，也许这件事就不了了之。总之，她是有点担心的。没想到过了没几天后，卡莉再次来到同一个机场，这次找她谈话的是约翰·费里。

约翰·费里见到卡莉后的第一个问题就是问她，她个人觉得自身哪些方面能够让她胜任惠普首席执行官的岗位。

实际上，卡莉一直在考虑这个问题。她认为约翰·费里提的问题很好，能把她心中所思所想都表达出来。在卡莉看来，如果想成为一名成功的惠普首席执行官，第一件要做的事情就是团结员工，只有把惠普所有员工都凝聚在一起，带领大家一起奋进，才有可能给惠普带来新的辉煌。另外，她也从不搞个人英雄主义，遇到了困难一个人也扛不动，她需要大家倾力配合，也需要得到董事会的支持和帮助。

卡莉刚踏进公司时，在工作中就遇到了各种各样的困难。不过对于惠普来说，她始终觉得是有差别的。因为惠普面临的困难之大，任务之重是卡莉工作以来从未见过的。她坚定地认为，董事会必须把好关，也必须选好参与变革团队的人员。否则，一步错将步步错。

卡莉很执着，她作了决定的事情很少有改动的。况且，惠普公司又是很大的一块"肥肉"，她不仅可以出任公司最高层，还可以拿到不菲的薪水。不过，离开朗讯对她来说也不见得是一件好事，卡莉认为，那甚至是一个巨大的损失。

1999年6月，卡莉开始了和迪克·哈克伯恩的第一次会面。谈起迪克·哈克伯恩，卡莉总会产生各种各样的猜测。原来，当初惠普的两位创始人比尔·休利特和戴维·帕卡德都对他寄予了很高的期望。随着两个人渐渐老去，他们希望迪克·哈克伯恩能出任公司董事，没想到，这个决定却遭到了迪克·哈克伯恩的拒绝。卡莉很不理解，他为何要拒绝这么好的机会。与此同时，卡莉对迪克·哈克伯恩的身份也产生了怀疑。

怀疑归怀疑，卡莉仍旧认为与迪克·哈克伯恩的会谈对她来说很重要。除了上面的因素之外，她也了解到惠普刚刚宣布了公司的重组方案。公司改组后，公司就不再只设一个首席执行官了，而是五个首席执行官。卡莉经过对重组方案进行反复研究，从中发现了不少新的问题。

迪克·哈克伯恩约卡莉在纽约的一家餐厅吃午饭，没想到两人见面后场面很冷清。原来，迪克·哈克伯恩比较内向，一直都没想好到底先问卡莉什么问题。面对他的不善言辞，卡莉率先打破了局面，她把自己憋在内心很久的话都抛了出来。

对于惠普的改组，一向是公司最重大也最让人头疼的事情。她想从迪克·哈克伯恩那里了解惠普改组后对未来的影响，没想到他的反应异常强烈。迪克·哈克伯恩认为，惠普改组的整个过程都是路·普莱特专行独断的结果。

卡莉听他说得很难为情，顿时大吃一惊。她没想到一个快要离任的首席执行官在改组这么重大的问题上居然不和董事会商量，如果任由这样重大的问题一直发展下去，惠普将会面临天下大乱，甚至分崩离析。

卡莉很明确地告诉迪克·哈克伯恩，她认为这样的决断一点都不稳妥。因为目前的惠普需要一个整体性的战略和结构，也需要有人把公司凝聚起来。卡莉站在惠普老客户的角度给迪克·哈克伯恩分析，如果一个公司不能够协商经营，就不如趁早进一步拆分。

当迪克听到卡莉说要整合时，整个人有了精神。其实他很早就有这个想法，他也想过公司的变革。只不过目前来说，公司尚没有一名这样的人来牵头，而卡莉的出现，恰恰让迷茫中的迪克·哈克伯恩找到了方向。他认为，如果卡莉当上了惠普的首席执行官，在不久的将来肯定会给惠普掀起一场巨大的变革。

在与迪克结束谈话后，卡莉已经作出了决定。她要接受惠普公司的面试，而且也作好了经受惠普各种各样"变态"心理测试的打算。其实，大家之所以称惠普面试的心理测试为"变态"，完全在于惠普独特的提问方式。有不少前去参加面试的人觉得这种心理测试是对他们人格的侮辱，而且长时间的选拔也让人心生厌倦。

实际上，心理测试一共包括两个方面，第一个是在网上填写一份问卷调查，出于谨慎的态度，卡莉花了三个小时才勉强填完。第二个就是要和两位心理学家面对面地交流。交流的当天是父亲节，地点定在了福斯特城。心理医生向卡莉询问了很多问题，包括生活的方方面面。卡莉完全没有体会到面试的感觉，倒像是去看了一次心理疾病。

卡莉在心理测试结束后就开车回旧金山见父亲了，当父亲听完她一通述说后，很气愤地说："卡莉，这简直就是一帮加州来的疯子！卡莉，爸爸始终相信你。你要向他们证明，聘用你是他们明智的抉择。他们需要的改变，也只有你可以完成。"听了父亲的话后，她极受鼓舞，另一方面也感受到沉甸甸的压力。不过，在卡莉心中的压力远比鼓舞更大更强，她告诉了父亲很多自己之前遇到的种种困难，想让父亲彻底放弃美好的憧憬。可她越是说得没希望，父亲就越感到淡淡的忧伤。那天是父亲节，原本卡莉是想让他开心的，可没想到她还是硬将氛围搞得很不愉快。蓦然间，卡莉真不知道她所作的决定到底是对还是错了。

1999年6月底，卡莉又和迪克·哈克伯恩进行了一次面谈。就在那一次，她感受到自己梦想的职位近在咫尺了。

卡莉和迪克·哈克伯恩见面的地点锁定在芝加哥机场,她选择这个地点的原因和以往一样,就是为了避免闲杂人的目光。

两人先从董事会说起,之后,卡莉询问了迪克·哈克伯恩很多有关董事会成员的问题。因为她现在急需要了解所有人的信息,这也对她日后进入公司有很大的帮助。不过,卡莉从迪克·哈克伯恩那里了解到的信息很有限,他对于太子党等比较复杂的问题一直保持谨慎的态度,有些问题或是逃避或是绝口不提。

在两人谈论了很久之后,卡莉的一个问题突然打破了以往的宁静。卡莉对迪克·哈克伯恩说,她很想知道,路普莱特将会何去何从。

事实上,当时的路·普莱特兼任董事会主席和首席执行官。迪克很不喜欢他,一直想让他走人。但卡莉认为整件事不能太鲁莽,必须经过较长的磨合才能得以实现。卡莉还告诉他,首席执行官的职务就够她受得了,如今再兼董事会主席会很累。况且,她刚来公司,也要适应一段时间,更需要有帮手援助。

听到卡莉如此说,迪克·哈克伯恩脸上瞬间露出了一丝不悦。他觉得卡莉的想法简直差劲透顶了,虽然说不出哪里出了问题,但就是隐隐约约感觉到不对劲。

迪克得知卡莉没有要兼任董事会主席的打算,就向她推荐了里克·贝鲁佐。他认为里克·贝鲁佐在离职前曾负责过公司的电脑业务,而且在惠普工作的那段时间里,大家也一致认为他就是路·普莱特的继任者。

卡莉并不赞同他的说法,甚至是反对。因为她太了解里克·贝鲁佐了,也对他的行事作风知根知底。他的年纪和卡莉一样大,以前曾是美国SGI公司的董事会主席兼首席执行官。如果他真的来到惠普,而且担任董事会主席的职务,那么他显然会和卡莉进行无休止的争斗。况且,依照他从前的经历来看,他到惠普来一定带着很大的野心。另外一点,卡莉也认识到,如果选择里克·贝鲁做董事会主席,正如有选择他当首席执行官的打算。可董事会为何没有人推选他继任首席执行官呢?也许这其中就能说明一个问题,里克·贝鲁佐很明显也不受董事会的人喜欢。

卡莉的一番解释让迪克赶快收回了刚才的提议。之后,卡莉向迪克说了让路·普莱特继续留任一段时间的想法。很快,她的意见被驳回,迪克并不能接受。经过反复磋商,两个人达成一致的建议:如果卡莉担任了首席执行官,那么就让迪克担任董事会主席。

1999年7月,卡莉开车到马库斯—密里查普公司的停车场,并很早就来到了酒店。6个月的选聘就这样告一段落,她如愿以偿地去会见董事会的所有成员。回想起曾经的经历,卡莉总会浮现无尽的感慨。她想起了母亲在世时说的话,也想起了曾经做打字员时走过的熟悉的街道,而今再次走过那条街道她的身份却发生了翻天覆地的变化。

其实,早在晚宴之间,卡莉就曾见过惠普董事会的4个成员,而今参加晚宴,她悉数都见到了。那天晚宴的序幕在一个露天阳台上拉开,大家对她都很友善,就像对待一位久别的老朋友。令卡莉诧异的是,他们并没有询问她太多的问题,仿佛早已知道心中所想问题的答案,或者该问的早就问过了。

卡莉想了很久,决定向他们说清楚自己的想法。她很开心地向大家说起了对惠普的尊敬,又滔滔不绝地讲了分家带来的机遇。卡莉认为,继承和创新尤为重要,但两者也必须保持均衡的发展。她很坚定地告诉他们,她要在继任期间,给惠普注入新的能量。

卡莉的话得到了董事会的高度赞扬，也使更多的人向她投去了钦佩的目光。那天，她很开心地举起酒杯，和大家一起喝下充满希望和大好前程的酒。

从没有人知道，卡莉早在父亲节那天就已经感受到，惠普未来的首席执行官就是她。而在那天，她也做出了最引以为傲的决定。

来惠普，终将是她一生最明智的选择。

第七章

惠普之道
市场不能容忍平庸

误解："你穿的是阿玛尼吗？"

1997年7月16日周五下午，卡莉来到了里奇·麦金的办公室。事实上，她经过了反复的思考才来到了这里。刚见到里奇·麦金时，他的脸上浮现了几分难过，就好像提前知道了事情的结果。卡莉没有丝毫犹豫，她必须要离开这家公司，也必须去寻找更好的发展平台。很明显，惠普能带给她这样的机遇，也能让她赢得所有想拥有的一切。卡莉告诉里奇，她现在一定要离开公司，因为她已经和惠普的人碰面了，而且答应了做他们的首席执行官。

里奇也不愿意卡莉走，他曾想过以各种方式挽留她。然而到最后，没有一种方式能让卡莉收心。面对即将离开的卡莉，一向冷傲的里奇竟流下泪来，他依依不舍地对卡莉说，她如果走了，整个公司就不一样了，因为她是整个公司的灵魂。

灵魂？

她从没有过这样的感觉，更没有见过里奇·麦金如此绝望的眼神。几个月前，里奇就已经知道了卡莉的举动。在她与惠普的人碰面期间，里奇一共找她谈了两次话。在里奇的心里，他从未料到卡莉会被选为惠普的首席执行官，所以，里奇一直想用钱把卡莉牢牢拴住，他以为钱可以解决世上的任何事，包括留下一名得力的爱将。

但是他错了，卡莉看重的并非只是钱，她更看重机遇和未来的发展。她不是不爱朗讯，只是在两者之间进行选择，她不得不舍弃一个。

6月底的最后一个周，朗讯的高层在波科诺山的度假山庄召开了会议。那天卡莉刚刚和惠普的董事会共进晚餐不久，也许里奇早已知道了这件事情。所以那天的会议并没有想象中进展的那么顺利，甚至可以用惨不忍睹来形容。在朗讯4年的职业生涯中，高层们第一次用很绝望的眼神相互对视，却想不到任何办法来实现下一年的目标。里奇·麦金手下的15个高层很真挚地告知他，有些措施已经脱离了实际。但里奇仍旧固执地认为，调高公司的盈利目标比任何事都重要。

大家心中所想到的解决方案被里奇的一句话硬生生噎了回去，他根本就无法用心聆听会议上的讨论，甚至对所有人的提议都不予采纳。他成了一名彻彻底底的专断独裁者，也把朗讯辛辛苦苦积攒的基业就此毁于一旦。从此，原本团结友爱的队伍，在他严厉地打击下，成了军心不齐的"残兵败将"。

如果一个公司的领导无法对组织能力给予合理的评价，只是按照"铁定"的目标来实行计划的话，那么换来的结果只能是冷酷的现实和企业的一步步倒退。

所以，卡莉认为，作为一名优秀的领导，一定要具备准确评估组织的能力。至于如何才能实现准确评估，大可以在培养能力、建设团队以及增强信心等方式中找到技巧，并以此提高。因而，里奇的盲目和武断所导致的后果，只能让朗讯的下一步发展受到更大的阻碍。

很多时候，有些人经常说"我们做不到"，但做不到的前提往往是设定的目标太高，没有能实现的可能。这个时候，就需要领导发挥他的作用，与团队成员进行深层次的沟通交流。不论是怎样的人，拥有多么大的权力，又或者水平比别人高多少，都需要学习，也都需要集思广益；若一个人专断独行，从不听取他人的意见，很多时候往往会陷入困境中而无法自拔。实际上，所谓团队，正是在有效的合作中产生的，没有合作，也不会形成团队。

几天之后，他们之间仍旧没有合作，也从未好好谈过。这样的情况一直存在下去，一天两天，甚至十天八天。渐渐地，所有人都失望了。不只是卡莉，就连其他的高管也感受到从未有过的沮丧。有一天，朗讯公司网络业务的总裁格里·巴特斯找到了卡莉，很惆怅地说："卡莉，如果再这样下去，公司将不会是公司了。要知道，整个公司不是里奇开的，我们一直觉得你才是真正的领导者。卡莉，你领导我们吧！"

听到格里·巴特斯恳求的话，卡莉心中也有小小的动摇。她无可否认的是，对朗讯的爱几年来一直都深深牵绊着她，但是，卡莉又无法改变里奇·麦金的决定。因为他的固执已经到了无可救药的地步，他的权力也不是别人可与之抗衡的。波科诺山的会议一直在开着，卡莉的心却渐渐地沉下去了。她发现，自己已经无法全身心地效忠里奇了。朗讯首席执行官不是一位出色的领导，她也就没必要犹豫不决了。

走，去惠普担任首席执行官。

卡莉想明白了，她觉得自己需要一个这样的平台，也需要完成一次华丽的蜕变。

下定决定后，卡莉开始了漫长的辞职过程。在朗讯度过的最后一个星期里，悲伤的情绪一直萦绕着她。每当看到曾经办公的地方，看到那些熟悉的人，想到那些熟悉的事，卡莉就会陷入深深的痛苦之中。当走进凯特·西尔维瑞的办公室时，她脸色煞白，心神恍惚，仿佛灵魂出窍。卡莉想了一会，才开口说："凯特，我要离开朗讯了，我要去惠普担任首席执行官。"没等卡莉再往下说，凯特突然流下泪来。她太舍不得卡莉走了，甚至觉得卡莉的离开将会使她失去一位最好的朋友，也将会失去最好的合作伙伴。

与凯特告别完后，卡莉又走进了里奇的办公室。她看得出来，里奇脸上写着一万个不愿意。不过，卡莉还是要走，因为她作了的决定就不会轻易改变。两人聊了好一会，当从里奇的办公室出来时，卡莉只留下一句话，她希望里奇不要把任务定得太高，否则，即便再用心规划，大家也不一定能完成。

离开朗讯后的当天晚上，卡莉就和弗兰克坐上了惠普的专用飞机。他们要飞往加州，要开始一段新的生活，也要面临新的人、新的事物。但这天晚上，卡莉却高兴不起来。她感到从未有过的心力交瘁，不知道接下来应该做什么。也许她还在思念着曾经的一切，如今突然离开一个地方，倒有点不舍得。

不舍得归不舍得，她不能不翻过去这一页。因为未来还有更长的路要走，她的人生也必须开始一页新的篇章。卡莉下了飞机，直到凌晨两点钟才赶到酒店。一切安顿好后，她没有急着入睡，反而坐在书桌前，给朗讯公司所有员工写了一封信。卡莉坚信，周一上班时大家一定能看到。

当放下所有的包袱时，卡莉才如释重负。也就在那星期，她很快投入到新的工作中。来到惠普后，她第一件要做的事情就是留住安·利弗莫尔。卡莉从媒体上了解了很多有关她的信息，也对她保持着极高的敬畏。为了能留住安·利弗莫尔，卡莉不惜找她交谈了很多次，甚至给她开出了很高的价码。

紧接着，卡莉又和路·普莱特一起，准备向所有员工宣布她担任首席执行官的消息。在卡莉制作的录像带里，除了表达对路·普莱特的赞许之外，也创造性地提出变革、创新、贡献、关注客户等一系列的意见。她还告诉所有员工，不论未来遇到怎样的困难，她都会和大家肩并肩，齐心协力地走下去。

卡莉担任首席执行官的消息很快在惠普内部传开，与此同时，大家又开始积极准备周一上午的新闻发布会。这天的新闻发布会很特别，因为卡莉的名字从没有在候选人名单中出现过，所以媒体记者的提问也会变得犀利，甚至带有攻击性。为了能应付四面八方来的记者，卡莉这些天一直在想如何回答那些刁钻的问题。

周日的晚上，路·普莱特和惠普的所有高层与卡莉一块共进晚餐。就在共进晚餐的前几天里，卡莉突然在心里作了一个决定。虽然她很想变革，也很想公司高层中有一群自己的人。但就目前来看，她还不适合培养这些人。因为卡莉曾读过有关惠普高层的所有报道，她对他们有了较深的认识。即便她担任了首席执行官，这些人也不会有太大的变动。但卡莉并不想把所有事都往坏处想，她还是希望他们都有变革的决心的。另外，卡莉刚踏入新公司，很多方面都不熟悉，所以很需要这些高层人士的指导。

晚宴的进行远没有卡莉想得那么美好，她在所有人的目光中看到了难以想象的冷漠。卡莉刚坐下没多久，路·普莱特就请大家逐个进行自我介绍。令卡莉没想到的是，她从那些人口中听到最多的就是自吹自擂。要么是"在我的领导之下"，要么就是"我的组织"。总之，所有人都把公司的事情当成了自家的事情，彼此之间也从未体现出团队的合作意识和竞争意识。卡莉能从他们的话语中听出来，夸大的炫耀正是在给她警告，他们想告诉卡莉，他们在部门的工作做得很好，不需要外人参与任何事。

安东尼奥·佩里兹就很不服气地问卡莉，她到底有什么资格，能让董事会选她做首席执行官。卡莉对这个问题并不以为然，因为自从她来到惠普之后，有很多人都问过她这个问题。卡莉认为，有没有资格不是一句话就能说明白的，要看以后的工作情况。即便她说得再详细明白，也不会取得别人的信服，所以，卡莉把这个问题抛给了路·普莱特，她希望路·普莱特向大家说一下，过去的半年时光里，董事会到底是怎样选聘的。

卡莉的话硬生生戳中路·普莱特的软肋。刚才兴奋的眼神也在即刻间烟消云散，取而代之的是落寞和失望。他把这几年在惠普受的苦分毫不差地罗列出来，又将董事会对待他的种种劣迹说得清楚明白。大家能听出来，路·普莱特的怨恨很深，同时也带着发自内心的不甘。

新闻发布会召开前，惠普公司曾请来不少专家，企图帮她应对媒体的采访。尽管有了充分的准备，但是卡莉接受采访时仍然出现了不可避免的问题。卡莉不大情愿谈及自己的性别，也不喜欢说一些不关痛痒的话。她认为一场新闻发布会下来，应该让媒体大肆宣扬公司的理念和文化气息，而不只是为某个人炒作。

而且，在整个公司中，卡莉并不认为男人比女人强多少；相反地，她觉得男人能完成的事情，女人照样可以做到。也许在别人眼中，卡莉像一个拼命守护理想的疯子，即便撞得头破血流，也必须把该完成的梦完成。但她从不觉得这是坏事，毕竟找到一个清晰的目标不容易。

自从踏入商界以来，卡莉遇到了很多想要采访她的记者。有知名的媒体，也有名不见经传的报刊。从《Glamour》《人物》《时尚》等杂志，再到戴安·索耶、奥普拉·温弗瑞等著名媒体和著名主持人，她收到邀请的次数远远比接受采访的次数要多。不过，大多数媒体都被卡莉拒绝了，因为他们做采访的目的无一例外的是，他们感兴趣的并非公司，而是卡莉本人。实际上，卡莉一点也不喜欢接受这样的采访，所以常常持回避的态度。

但她越是逃避，就越躲不过媒体"雪亮"的眼睛。如果他们找不到能吸引人眼球的故事，就开始挖掘卡莉的穿着打扮，甚至是性格和说话语调。从外表、穿着、衣料，再到发型、所穿的鞋子，但凡能被他们记录下的，都成了炙手可热的新闻。

卡莉在惠普工作了一周后，《商业周刊》的负责人带着一帮记者来到公司。实际上这几个月来，他们一直在做惠普的独家专栏报道。在媒体的眼中，如果事实不能"卖钱"，即便捏造出来，也要如期刊登。因此，他们写的很多内容公司高层并不满意。所以这一次，惠普高层希望卡莉可以找他们谈谈。但令卡莉没有预料到的是，《商业周刊》的编辑开口的第一句话竟然是："卡莉，请问你穿的是阿玛尼吗？"

如果说《商业周刊》尖锐的目光已经让卡莉有点厌烦了，那么《名利场》所写的报道简直是子虚乌有。他们大篇幅对卡莉的生活居家做了描写，说她旅行的时候必然要带着发型师和化妆师，整个游玩的过程就像拍一部浪漫的电影。尽管卡莉给了他们严重的警告，但杂志社为了生存，迟迟没有改观。

谣言的散播也给本地的小媒体带来了出风头的机会，他们不断推波助澜地造谣，说卡莉在办公室建造了一个由粉红色大理石砌成的浴缸，她经常不顾及形象地在浴缸中泡澡。还说她的办公室里有好几扇门，装扮的豪华奢侈堪比黄金酒店。

但不论外界如何传闻，卡莉依旧沉着内敛地工作。她的办公室简单干净，既没有好几扇门，也没有建造浴缸。她从不以奢华的格调来彰显自己的身份，相反地，她希望公司的员工可以与她近距离接触，而不是保持距离。

自从卡莉在惠普工作稳定之后，媒体尖酸的报道就从没有停过。他们常常以"张扬妩媚"、"妖里妖气"、"钻石富婆"来形容卡莉。以至于他们写得越离谱，读起来越曲折生动，就越能赢得读者的关注。

很快，卡莉的"伟大事迹"在整个商业界迅速流传开。以前是媒体记者对她冷嘲热讽，不久后 Sun 的斯科特·麦克尼利也学会了"讽刺"卡莉的方式。但他和媒体记者不同的地方在于，媒体记者只是为了吸引眼球，他却是以"讽刺"卡莉的方式来开启分析师会议。

斯科特·麦克尼利在会议开场之前放了一个影视短片：音乐响起，一位头戴金发套、修长的指甲上涂着艳红色指甲油的女演员站在车库前，蓦然间，只听一声巨响，车库轰然塌陷，她被活生生压在废墟之下，动弹不得。

很显然，这样一段具有调侃性和讽刺性的短片很具有幽默效果，至少大家都笑得很开心，而且也都体会到了斯科特·麦克尼利所表达的意思。但对于卡莉来说，别人的调侃和辱骂是对她自尊的最大伤害，也是对她人格的一种侮辱。不得不说，社会舆论的压力带给了卡莉沉重的心理负担，也让她无心工作和学习。实际上，不论是媒体界还是商界，也不管是大众还是其他人，造谣总会让一个人心神憔悴。

卡莉一直想让别人正视她的成就，用客观的眼光看待问题，可她等来的却是无尽的漫骂和嘲笑。他们从她的年龄、她的工作、她的外表和她的个性着手，连篇累牍地造谣生事，只为博取大众的欢娱。

自从卡莉任职惠普首席执行官以来，她看到了太多媒体不实的报道。虽然她一开始很气愤，甚至有立马找到造谣的人将他乱棍打死的冲动，但时间一长，卡莉突然被一盆盆冷水浇醒。她很清楚地意识到，一家公司不属于董事会，不属于公司创始人，也不属于创始人的家族，它只属于员工，属于为整个公司付出最艰辛努力的人。

所以，此后的日子里，卡莉经常收到惠普员工发来的邮件。不论工作多忙，她都会抽出时间来阅读，若遇到员工解决不了的问题，她也往往选择第一时间回答。从第一天上任，到后来他离开公司，卡莉收到了上万封邮件，不管批评的也好，褒奖的也罢，大家都会在邮件后面标注上自己的名字。

卡莉一直被惠普员工的坦诚和单纯影响着，正是在如此温暖的环境中，她才变得义无反顾，发誓要做惠普最忠诚的捍卫者。

备战：宛如高空走钢丝

卡莉接受一份新的工作总有一个习惯，她会尽量走入基层，找更多的员工交谈。她始终觉得，只有了解大家心中的所思所想，在今后的工作中才能扎实有效地落实方案。与此同时，她也会尽可能多地拜访客户、合作伙伴。卡莉想通过积累广大的人脉，来实现自己以后事业的迅速崛起。

在与客户大量的交谈中，卡莉了解到很多细节。不少公司对惠普都有一个相同的评价，他们认为惠普的员工做事被动，如果客户不与其交谈，他们也不会主动联系，所以，客户对惠普公司的评价往往很差。

有的时候，客户会很明白地告诉卡莉"你们公司产品的定价太高了"。有的时候可能会委婉点，"如今是网络信息化的时代，惠普公司为何连自己生产出来的产品都互不兼容呢"。当然，卡莉也遇到过怒气冲天的客户。当他们拿到不满意的产品时，第一反应就是："你们在设计产品的时候，能不能把开关设计在同一个地方？"卡莉不止一次听到这样的声音，话语中除了夹杂着勉强的接受以外，还有无休止的咆哮。

实际上，如果一家公司的产品不能得到很多合作伙伴的认同，那这家公司存在的可能性也几乎为零。卡莉刚接手惠普时就遇到了这么大的麻烦，是她始料未及的。目前，她的首要任务就是抓住矛盾的主要方面，从而实现公司的变革。

为了了解清楚惠普的销售状况，她先找了销售人员谈话，希望从中找到有用的信息。没想到，当卡莉让销售人员描述一下与客户见面的情形时，一个不好的画面就这样浮现在她的脑海里。大多数惠普员工第一次与客户见面的地方竟是在客户的公司门口，而且很多时候员工对客户并不友好。当客户打电话告诉惠普销售部门他们要开一个会议时，公司要么每个部门派一个人去参加，要么就没人参与。实际上，这样的行为会导致两个结果：一个结果是客户会议室中站满了惠普的人；另外一个结果是，惠普公司无一人参加客户的会议。这两种情况都不是客户想看到的。

卡莉通过了解公司自身存在的问题，很自然地联想到竞争对手的手段。实际上不难看出，惠普之所以在整个行业中发展缓慢，正是因为它被动的服务，还有被动地接受客户的安排。卡莉经过反复实验得出一个结论：如果想让惠普跻身同行业的前列，就要先从变革客户服务开始。

惠普是一家以技术为核心的公司，而技术的来源自然是实验室。当初比尔·休利特和戴维·帕卡德创建惠普之初，两人的办公室恰好位于实验楼内。卡莉对实验室一直抱有崇敬的心态，她觉得但凡能设计出新产品的工程师都是了不起的。

因此，卡莉把自己的第一个"咖啡谈心时间"留给了惠普实验室的员工们。令她始料未及的是，所有的员工见到她的第一反应竟然是惊讶。他们很少见到公司高层来实验室，像卡莉这样的顶级高层更是少之又少。当她向员工们说自己要一个月来一次时，所有人都惊呆了，他们觉得能被高层重视是一件特别荣耀的事情。

有一天，卡莉像往常一样来到实验室。当她走进大门时，实验室主任迪克·拉普曼突然兴奋地告诉她，他希望卡莉能去实验室看一个刚研制出的新产品。迪克所说的新产品叫"酷镇"，"酷镇"就像一个实验室，而里面存在的每一个人、每一个地点甚至每一台设备，都有各自的网络存在和身份，也就是说，每一个人、每一个地点甚至是每一台设备，都可以通过有线或者无线的形式进行连接和沟通。"酷镇"传达的正是移动化、数字化、虚拟化、人性化的未来图景，而这种图景直到21世纪才得到了全面的发展。

卡莉看完"酷镇"后，被深深地吸引住了。她从迪克拉普曼那里得知，对于这项技术，公司的高层都不曾了解。因为他们很少来实验室，别人也请不来。只不过，这项技术虽然很好，前景也很乐观，但由于缺少资金，迪克·拉普曼决定下个月关掉它。卡莉很清楚，公司很多高层看重的只是业绩，他们只在乎完成多少项目，没有哪个人会关注"没有用的实验研究"。

在这种盈利目标的催促下，惠普的整套管理体制实际上也发生了巨大的变化。大家不再考虑长远有效的发展战略，反而将重心偏向渐进主义。公司科技的研发和产品的生产从未有过新的项目，他们只把生产研发资源集中在当前的生产线上。因此，惠普尽管是同类公司中少数拥有实验室的企业，但却发挥不出应有的价值，所以也就体现不出它的优势。

卡莉想了很久，决定实施新的方案拯救即将关闭的"酷镇"。卡莉先给公司的高管人员开了一个会，她开会的目的主要针对四个季度的业绩。惠普的财政年度有一个统一的划分，从每年的11月1日起，到次年的10月31日终。因此，公司的第三个季度锁定在每年的5月份、6

月份和7月份。

会议一开始，卡莉就把本季度的业绩拿上台面，她想听听大家的意见，对于本季度的业绩有没有好的想法。也想知道，大家如何努力才能实现目标进而达到市场的预期。

不过，当听完卡莉的陈述后，大家突然觉得莫名其妙起来，他们从未考虑过这个季度的业绩，甚至觉得卡莉有点多此一举。更有一位高管很"聪明"地回答，这个季度的业绩根本没有必要纳入进来，可以把所有责任都推到路·普莱特的身上。毕竟他刚刚离职，而这个季度也快终结了。

卡莉对于这个回答并不满意，她不希望自己的员工没有一点担当意识，也不希望他们对每份工作都是勉强地应付。在卡莉看来，路·普莱特离职和公司制定的目标和计划没有任何关系，当然，换了新的首席执行官也不会影响到公司的目标和计划。既然他们已经制定了第三季度的目标，就应该拼尽全力去实现它，而不是想着如何推卸责任。

卡莉在摆正公司高管思想的同时，还去咨询了首席财务官鲍勃·韦曼有关公司目前经营状况的信息。然而，询问的结果让卡莉有点吃惊。没想到，鲍勃·韦曼对公司的经营状况一概不知。即便除卡莉之外的4位首席执行官手下的首席财务官，也不曾不向鲍勃汇报有关公司经营状况的信息。只有到了一季度结束后，鲍勃才有可能从他们制作好的盈亏平衡表中了解到详细信息。

董事会和客户都很清楚，惠普之所以出现这样的状况，与营销团队有密切的关系。为此，卡莉专门找了一个时间，与营销队伍的所有人见了一面。卡莉通过简单的了解发现，公司的每个业务部都有自己的营销队伍，每个营销队伍也都有自己的广告费和战略方式。但这样的分工状况有一个致命的缺点，就是他们太过于注重自己部门的产品，而忽略掉惠普是一个整体的概念。

在会议上，卡莉专门将惠普旗下的150个品牌的长单子列出来，拿给所有营销队伍的人看。她想让大家观察长单子上到底缺什么品牌，也想从大家口中了解他们对自己是怎样定位的。

拿到卡莉的单子后，大部分人都投入到了细致的查找工作中。卡莉心里清楚，他们之所以寻找，正是怕遗漏自己部门的小品牌。当然，也有一小部分人站起来说："呀，好像没有惠普的牌子。"虽然卡莉只是试探性的做法，但她却很清楚地看出一个问题：在每个部门员工和高管眼中，各个部门的小品牌远远比惠普这个大品牌要重要，而且，当惠普整体被分割开时，相互之间的产品也就没有任何联系，各部门一心只想发展自己的业绩，也只为各自的盈亏负责。那样的话，如果大家不在同一栋大楼工作，他们完全可以分离开成为独立的公司。

因此，卡莉想了解每个部门的更多信息，于是她到了杜安·吉特纳的办公室旁听。两天的时间里，卡莉作了大量的笔记，对杜安很多开会的细节也都了如指掌。她发现，杜安·吉特纳在会议中提到最多的就是"我的产品"、"我的手下"。他似乎把一个部门当成了自己的公司，而他自己便是无可动摇的"最高领导者"。

卡莉通过一个部门的现状总结出所有部门的问题，惠普旗下的87个部门各自有各自的打算、各自有各自的目标，他们往往我行我素，没有任何纪律感和整体感。这种现象的存在，对以后的惠普无疑是一件特别糟糕的事情。

正当卡莉为惠普的未来担心时，另外一件事也找到了她的身上。萨姆·金尼作了一个决定，让沃尔塔·休利特的女婿让·保罗离开董事会。他的理由很简单，如果董事会的人无法给惠普创造价值，仅仅依靠创始人家族的身份继续留任，不仅没有任何益处，反而会给公司拖后腿。

因为这件事，让·保罗找到了卡莉。他认为，卡莉出于对创始人家族成员的尊敬，一定会帮他继续留任董事会。不过，卡莉没有同意他的请求，最终拒绝了让·保罗。当卡莉了解到萨姆·金尼曾约沃尔塔·休利特开会并与他一块商议保罗离开董事会的对策时，便简单明了地告诉沃尔塔："沃尔塔，你现在虽然是安捷伦公司的董事，但也可以兼任惠普公司的董事。"听了卡莉的话后，沃尔塔并没有当面回应卡莉。他心里清楚，卡莉的意思就是赶让·保罗离开董事会，进而让他担任惠普的董事。对于这件事，沃尔塔一直在思考如何化解。直到过了一段时间后，当让·保罗离开董事会时，卡莉才知道沃尔塔最终还是采取了她的意见。

2000年的到来，将会是电脑竞争的大年。硅谷的所有公司都在技术上投入了大量的人力物力，每天都以百米冲刺的劲头奋战。然而，惠普公司的员工却恰恰相反。他们懒散的毛病一直存在，每天上班只是优哉游哉地闲逛，到了四点半以后，纷纷打卡下班，五点之后停车场空空如也，从没有任何人留下加班。

朗讯的咨询顾问丹·普朗基特曾很贴切地形容惠普现在的状况：惠普在一片朦胧的白纱遮盖下，远远就能感受到锣鼓喧天、流光溢彩，但当走近了看时，不仅听不到喧闹的声音，也看不到华丽的光线。创建惠普的比尔和戴维日渐衰老，在如今注重活力的年轻时代，他们显然已经撑不起场面了。如今，惠普的总部仿佛是一块寸草不生的墓地，没有生机，没有活力，更看不到希望。总部之下的每个部门将整块墓地划分开,各自管理各自的。他们的成就只在于自己那块土地上,而对于整体却没有任何感情。

在惠普公司内部,比尔和戴维就像精神领袖一般,时时刻刻活在大家的心中。杰·凯沃斯曾很真挚地告诉卡莉:"也许在别人眼中,比尔和戴维管理公司井井有条,实际上,他们两个更像以一种温和方式来实行独裁独断,甚至他们两人提出的决断没有人会反驳,当然,也就不存在民主可言。"有时大家决定不了的事情,常常需要比尔和戴维拿主意。当惠普下定决心要拆分时,比尔的儿子和戴维的女儿就曾受邀到公司对所有员工讲话,他们传达的话正是两位老人的意思。所以直到现在,没有人能对他们两人的性格了解得很透彻。

可不论怎样,惠普都需要一次巨大的变革。卡莉在大量的走访、谈话和电子邮件中得知,很多人对惠普的变革持支持的态度。大家心里都清楚,不论是一个家庭也好,还是一个公司也罢,若脱离了变革,一直保持守旧的姿态,不久后一定会被日新月异的社会淘汰掉。

但变革没有那么简单,而且一旦走上了变革的道路,就必须视死如归。不过,一向胆大心细又有头脑的卡莉从未被困难吓倒。她的脑子里总会充满各种各样的奇思妙想,也对变革有更深层次的理解,所以,她要在大背景下做个头脑清晰的首席执行官。

一天晚上,卡莉回到家后突然想到一个解决惠普未来大计的方法。卡莉告诉自己,惠普的变革马虎不得,每一个细节,每一步变动都必须仔细地考虑。因为有可能一个环节出现错误,整个公司的业绩就会面临崩溃,所以,卡莉那夜睡得一点也不安稳。她凭借在麻省理工学院学到的知识,又结合这么多年的工作经验,用了很长时间,才画出了一张惠普变革的表格。

卡莉拿出一张纸，先画出一个方框，在方框里她先写上"惠普的领导框架"，之后，卡莉又在框架上面写了"战略和目标"。事实上，战略目标能够反映出一个公司资源的投入情况和投入目的。紧接着，她又在方框的右边写了"结构和流程"，这一步主要针对的是公司的组织和运作方式。

在方框的下面，她重点标注上"奖励指标"，因为奖励的产生能极大地带动员工的积极性，从而推动他们创造辉煌。在右边，卡莉又写了"文化和行为"，所谓文化和行为，就是指员工的性格和工作习惯，还涉及他们的作息规律。

最后，卡莉把四个边框连起线来，因为，如果四个边框是独立分散的，那四个指标就会产生反作用，从而会削弱整个公司的经营状况。因此，如果让惠普成功，领导框架下的四个指标就不能缺少。毕竟公司是一个整体，需要大家全力配合协作。若群雄逐鹿、各自为营的话，根本就团结不起来，也实现不了惠普成为强大公司的可能。

画完图表后，卡莉很释然地躺在床上睡觉。她觉得公司的变革是时候推行了，而实践证明，卡莉在惠普工作的5年中，她的这套"领导框架"的确发挥了巨大的作用。而且直到她离开之后，公司依然沿用她的方法。

弗兰克见到满身疲惫的卡莉，很心疼地问她，这两个月以来到底学到了什么。

卡莉心中充满了担忧，她觉得两个月以来什么也没学到，反而好像进行了一场高空走钢丝的表演，而且钢丝下面没有防护网，如果掉下去就会粉身碎骨。

卡莉把自己大胆的想法比喻成走钢丝，她总觉得只有冒险走一步，克服掉成功路上的一切恐惧，才有可能取得更大的成功。如今的惠普需要大变革，而领导这次变革的高层除她无二，因为所有的想法，所有步骤的实施都牢牢刻在卡莉的脑子里。

所以，在卡莉画完"领导框架"之后，惠普"群雄逐鹿"的现状也在飘摇动荡的不安定中完美地谢幕。

改革：齐心协力向着光明大道迈进

在加州的海景区，卡莉率领整个管理团队开了足足3天的会议。面对内忧外患的局面，她急需了解团队成员的具体状况。只有把所有人的性格、特点牢牢分析透彻，她才能在接下来的工作中取长补短，争取让每一个成员都发光发热。

然而，事情的结果就如她预料的一样，团队成员从前并没有真正意义地发挥过应有的作用。他们眼前在意的只是自己部门的事情，若将目光放眼整个公司，抑或是别的部门，他们狭隘的视野甚至触及不到一分。

卡莉举办这场会议，正是为了帮他们拓宽视野，提高全局意识。在惠普60年的历史长河中，从来没有哪位领导人敢如此大胆变革。因为他们的步伐一向稳健，中规中矩，以小部门的姿态相互分离，实行独断独裁，根本没有哪个人想过要大刀阔斧地变革。

会议刚开始，卡莉就将心中所想说了出来。她告诉大家，今后的3个月内，公司将出现一次大整顿。所有主管手头上的工作将有新的分配，不再负责本部门目前的工作。当卡莉的话一字一句说出时，不少人脸上浮现了不安的神情。他们从来没有离开过本部，进而参与到别的部门中去，不少人在担心，丢了旧的再捡起新的会不会陌生，又会不会手忙脚乱？

卡莉郑重其事地向大家说明了目前的实际情况，她认为，就惠普的现状来看，实行改组是势在必行的事情。而且，如果大家故步自封，不去尝试新的事物，也不站在大局上看问题，很有可能会导致公司涣散，业绩一泻千里。

为了打消主管们心中不安的念头，卡莉带着大家回顾了公司的所有产品。她要让大家看到希望，也想让大家清楚地意识到，惠普目前的机遇是最好的。当她把美好的前景展现给大家后，紧接着，又把问题抛出来，严肃地告诉大家，他们虽然拥有强大的能力和深厚的基础，但却利用得完全不够。就目前来看，惠普没必要做无用的产品生产。如果两种产品之间有很大的联系，或是可以互相替代，就没必要浪费资源，浪费劳动力。

曾经有客户抱怨每次生产出来的产品连开关都设在不同的地方。这一点就已经说明，眼下的惠普必须重视已有劳动资源的使用，而不要盲目地生产。

实际上，在惠普这个大家庭中，一直存在资源利用不合理的情况。公司有87个业务部，有无数个研发项目。每当产品研发不下去时，业务经理就会抱怨投资不足。但他们并不清楚，不能合理利用既有资源，也就意味着浪费宝贵的资源，所以，无法拿到新项目的投资，也在情理之中。

惠普的激光打印业务和喷墨打印业务在行业中一直以来都处于领先的地位，但是这两个业务部并未合在一起，却是独立存在的。两个部门都有各自的工程师，也都有互不干涉的工作平台。所以，很多时候往往一样的工作要重复两遍。如此下来，既浪费资源，又浪费时间。

安东尼奥·佩里兹和卡罗琳·蒂克纳从未意识到这一点，他们两人对于打印业务取得的成就一向沾沾自喜。因此，卡莉带领的团队成员一直沉寂在自身优越的环境下，却没有想过突破和超越。随着时间的拉长，也随着竞争对手不懈的努力，惠普的打印业务开始走下坡路，他们的成绩远远不及以前辉煌。当卡莉问他们，曾经惠普的打印业务在整个行业都是遥遥领先，为何如今的业绩频频下滑时，他们却无关痛痒地回答："卡莉，我们没必要考虑这么多，只要比竞争对手过得舒坦就行了。"

这些话不止从打印业务部传出来，很多部门的主管也都有这样的想法。卡莉认为，如果大家一直保持漠不关心的态度，惠普将会被同行业的竞争对手拉得很远。况且，如今的惠普早已不是市场上的领导者了，甚至已经被别人狠狠地甩到后头了。

几年前，曾经推动惠普将资源从 UNIX 系统转向工业标准服务器(ISS) 电脑平台的迪克·哈克伯恩与里克·贝鲁佐跳槽到了微软。从此，UNIX 的电脑操作系统一直处于发展低谷阶段。相比较 Sun，UNIX 的系统明显要逊色很多。就连工业标准服务器，也被康柏打压得一无是处。

惠普面临的严峻局面远远不止这些，它在个人电脑的发展上也比不上戴尔和康柏。尽管惠普设计出了 Open View 这类优秀的软件，可不少销售队伍并不知道如何推销。所以，即便拥有比别人优秀的产品，最后同样逃不过石沉大海的命运。

卡莉了解到，惠普公司的整个状态都陷入了低迷，大家从没想过如何赶超其他公司。于是，西门子、富士通、IBM 等不断前进，惠普却日渐落后，后来，甚至不如朗讯的发展势头。卡莉在公司一直提到"创新"两字，她认为公司没了创新，也就不会有良好的发展前景。可问题的关键在于，公司没有人知道到底有多少项专利，就连研发部资源的产出能力都没有任何概念。所以，在惠普随处可见硬件工程师，而那些能搞发明创造的软件工程师却少之又少。

卡莉向部门主管询问了不少有关工作计划的问题，她发现，大部分人谈论的都是自己部门的工作，没有谁会提及和最强劲的对手相比，到底差距如何？他们摆不正自己的位置，心中想到的只是很早之前规划好的一切。因此，竞争对手一次次把差距拉大，而他们也一次次停滞不前。

所以，显而易见的差距，显而易见的落伍，不言而喻。

卡莉在进行工作总结的过程中，一直关注着身边的团队成员。她很清楚，这些团队成员都很自傲，不论对待怎样的工作，都有一份"自信"扛在肩上。但他们从未想过，等一切都烟消云散之后，留下的不过是空空的躯壳。虽然他们经常在一起开会，虽然彼此之间也认识很多年了，但他们却从未有过真正意义的合作，充其量只是"见了面"而已。

另外，团队中也有不少人心口不一的人。尽管在他们脸上都镌刻着懂礼貌、谦逊温和的标识。但实际上，这只是掩盖坦诚的方式。卡莉一直觉得，会议上的坦诚是促进沟通的必要法宝。若大家都不坦诚以待，反而等会后再相互抱怨。那么，原本公正的会谈将会变成相互之间揭短的批斗大会了。

当讨论会进行到最后一天的时候，卡莉很亢奋地告诉大家，振兴惠普不是她一个人的责任，在座的每一个人都有责任。如今，正是惠普迈向成功的关键时刻，大家都应该行动起来，而不是怯懦躲藏。卡莉认为，他们应该制定一个有关组织结构和战略方针的重要计划，而且也要重视作为一个团队要如何行动的方法。在卡莉眼中，团队的行动不是盲目的，应该有计划有目标，因此，卡莉希望等确定了惠普发展的方向后,所有人都该竭尽全力地为之努力,奋不顾身地实现目标。

卡莉曾说:"这一天是重要的一天,它标志着我们走向真正再造的旅程。"实际上,所谓真正再造,也便是变革序幕的拉开。

卡莉的脚步总是最稳健的,她从不会被工作所累,进而丢三落四、行事鲁莽;相反,当发现问题时,她往往第一时间去解决。当开完加州海景区的管理团队会议之后,董事会也紧跟着后马不停蹄地召开会议。

在路·普莱特主政期间,一直保存在一个优良的传统。也就是,每当董事会召开会议时,管理高层也可以参加。卡莉觉得这样的方式很好,有助于上传下达,使得全公司上下都能听到一样的声音。

路·普莱特最后一次担任首席执行官的那个董事会上,卡莉第一次见识到了这种开会方式。尽管整个会议很冷清,没有人提问,也没有人讨论,但至少把大家凝聚在一起,每个领导的发言也都能灌输到上司和下属的耳朵里。不过,她也认为这种开会方式多少有点缺陷,因为它不能完全地让所有人自由表达。当然有一部分人并不想坦然地说出自己的看法。实际上,整个会议真正交流的时间是在茶歇的时候。

所以,卡莉在路·普莱特制定的会议基础上,准备对开会方式作一次大变革。

9月的董事会很快来临,为了实行新的开会方式,卡莉让鲍勃·韦曼作了一个全公司财务状况的汇总报告。与此同时,她也让每个部门的主管针对自己的部门情况进行了详细的介绍。当天会议上,除了有公司高层的汇报以外,卡莉也依照加州管理会议上大家的共识,又结合她作为首席执行官将要达成的目标,作了一定的阐述。在热闹的氛围之下,大家的激情被点燃,很多人纷纷提问,彼此之间也多了交流。

虽然这么多年来惠普取得的成就有目共睹,但是实际上董事会并没有彻底地融入公司战略和经营当中。卡莉从董事会的朋友那里得知，董事会基本没有履行过职责，只有在惠普拆分和选新的首席执行官的时候曾行使过权力，其余的时候往往是虚设，就像一枚没有价值的橡皮图章。实际上，当时公司大大小小的事情，都由戴维和比尔管理。

后来，戴维和比尔离开了公司，如此重大的担子就压在了路·普莱特的肩上。自从接手惠普以来，路·普莱特始终觉得惠普之所以业绩下滑，就是因为公司规模太大、公司的结构太复杂等因素的制约，从而致使他无法正常管理公司。其实，这也是惠普分家的重要原因。

有关惠普的董事会成员组成，事实上每个人都很有分量。萨姆·金尼和菲尔·康迪特就是两个很厉害的角色，他们是迄今为止公司仅有的两位入选《财富》50强的首席执行官董事。不仅受到公司员工的尊敬，就连卡莉也很倚重他们。卡莉认为，他们两人见证了整个公司的辉煌和衰落，又拥有在大风大浪的商海中积累的丰富、扎实的经验。迪克·哈克伯恩是技术专家，他的基础相当扎实，而且为人谦虚善良，能够带动别人帮他完成一项艰巨的任务，所以是公司最完美的工程师。相比较前两位，杰·凯沃斯是最有科学能力的一位。他是地地道道的物理学家，曾在里根政府担任过科学顾问，也正是因为这个原因，他才认识了戴维。

帕特里西娅·邓恩曾经是巴克莱全球投资公司的首席执行官，来到惠普之后，她开始担任公司的董事会副主席。帕特里西娅有一个毛病，她经常私下告诉别人，电脑和打印业务应该分开，但是在公开的场合上，她却从没有提出过这个问题。董事会成员中还有两个沉默寡言的人，一个是沃尔特·休利特，另外一个是苏珊·帕卡德。

在董事会议上，卡莉向大家表明了态度，她认为，电子商务将是未来新型网络中最有前途的一个项目。她会进一步支持，也会尽最大努力完善这个项目。实际上，当春天时他们就向市场宣布了这个战略，而且到目前为止，很多人都对这个战略产生了浓厚的兴趣。她相信大家都看到了它的前景，也考虑到了电子商务对未来的影响。

卡莉认为，如果他们想做好这项工作，就必须重新配置资源，重新制定规划。除此之外，卡莉还坚定地告诉大家，他们一定要赢得U-NIX系统在市场上的主导权，就目前来说，这是重中之重。虽然前几次他们没能取得成功，但若下次再做，卡莉希望他们能拿出一个完美的投资方案。

实际上，目前的惠普遇到了很多困难，所以需要大家一起努力，过关斩将。她很中肯地评价说，公司的目标和惠普之道所体现的价值观正维持着一个平衡，而这个平衡也是惠普未来的生存之基。所谓公司目标，正是指公司利润的增长和业绩的提高，而价值观，则是指团队的合作和对工作的责任感。在卡莉看来，虽然惠普的两位创始人都很机智，为公司立下了汗马功劳，但是，公司发展到现在，这样的平衡仍旧没有维持好。

在会议的最后，卡莉很真挚地提出，不论是哪一个人，也不管是公司高层还是员工，都必须有远大的目标，必须有更高的追求。因为看不清自己的方向所导致的结果只能是止步不前，而摆不正自己的位置，只看静态的成功的话则会堕落到底。所以，她希望所有人都能采取竞争的措施，时刻与对手形成较量。因而在不断的较量中，迅速提升自己，也顺利完成公司的绩效。

卡莉没想到，管理团队能耐心听完她的演讲，而且听到好的地方时也不忘鼓掌。虽然整个会议举办得很顺利，但卡莉并没有就此停手。

她觉得应该走入基层，向更多的员工传达她的思想。她也想很明确地让大家知道，群雄逐鹿的状态对惠普有百害而无一利，若有人仍旧保持停滞不前的状态，将会给整个公司带来很大的隐患。于是，卡莉作为首席执行官的身份提醒他们，发薪水的时候支票上只写一个公司的名字，公司的股票上也只有一个统一的名字，就连客户信任的公司依然是一个。她多次强调一个，正是想告诉他们，任何以部分取代公司的行为，都将会违背惠普之道。

1998年11月份，董事会做出了一个新的决定，他们要对延续了几十年的利润分成方案进行改革，从而，实行一套新的公司绩效分成方案。他们把绩效分为几个档次，例如杰出绩效、目标绩效、最低绩效等。董事会想通过这样的方式，激发员工的创作力，争取让员工在工作中发挥出最佳的状态。如果员工做的工作足够好，他们也会得到相当可观的奖励。

比尔·休利特在任时曾说："你如何评价一个员工，就会取得怎样的工作成果。"

过了一段时间，卡莉还带领大家实行了其他的变革方式。卡莉想让大家加强整体意识，而不是分散或者独立地看问题。她要让各个部门的主管都清楚一点，他们是整个惠普的领导，而不是本部门的领导。卡莉这么做的目的就是告诉他们，如果整个公司的业绩上不去，他们各自部门的业绩也无法提升。

在这种股权激励的方式下，惠普发展越来越迅猛。他们很快打败了康柏，并顺利地兼并了它。之后，他们又增加了特定的公司融合方案。在卡莉的带领下，惠普向着光明大道迈进，所有员工齐心协力，共同为美好的未来铺路。

卡莉说:"赢的价值不在于做到你答应做到的,而在于做好应该做的。而卓越也不意味着从不落后,反而代表着从不满足。"

基于此,卡莉将一个死气沉沉的公司唤醒,从而引领大家加快脚步,不再低着头走路。她一直希望大家能昂首阔步地前行,从黑夜穿过破晓迎来黎明。

第八章

理想栖息
把科技及慈善带到人的身边

先锋：变革不是一蹴而就的

在 1999 年 8 月到 11 月的这段时间里，卡莉一直带领整个团队忙碌着。她多次与团队成员碰头，也开了不少内部会议。最终，成立了管理委员会。自从管理委员会成立以来，每当要召开会议时，卡莉总是提醒他们，不要忘记身上肩负的两个重担：第一，每个主管都是各自部门的领头；第二，每个主管都要肩负起惠普大公司的责任。她希望大家团结起来，每天都充满活力，每天都斗志昂扬。

经过多次会议的商榷，卡莉决定改变公司的结构。原本，惠普有 87 个独立的部门，烦琐复杂不说，有不少部门还存在资源浪费的情况。为了避免资源浪费，也为了实现资源的大整合，卡莉决定将所有部门统一规划，整合成 17 个部门。在科技研发上，这 17 个部门主要依靠两个主要的科技团队。如此一来，既可以最大限度地利用技术优势，也可以节省不少科研费用。

调整完公司的内部结构之后，接下来是对公司外部的调整。他们要把所有面向客户的资源作个大统筹，以方便与客户之间的生意往来。对于客户来说，他们不单单只是为了得到商品，他们还想得到完善的系统解决方案。如果惠普公司能改善经营方式，把出售单个产品换成提供整套产品和服务，那惠普以后的盈利空间会越来越大。所以，卡莉经过深层次的考虑之后，决定将所有销售人员组合成一个队伍。她已经给所有人员分好了工，也作好了工作统筹。对于安·利弗莫尔来说，卡莉主要让他负责与公司客户有关的所有销售和服务资源重新组合的任务。然而，对于个人业务有关的资源重组，卡莉则交给了安东尼奥·佩里兹。

针对公司的人力资源、财务以及信息技术等问题，卡莉也做好了计划。她认为，只有改变这些关键部门的运作方式，才能在最大程度上削弱成本，减少冗余。没过多久，各部门的首席财务官开始变换工作方式。他们在卡莉的领导下，积极开展工作，并及时向鲍勃·韦曼汇报工作情况。鲍勃·韦曼主要负责监控并实现全公司的标准成本控制。因此，他的工作在整个公司中占据着极其重要的位置。

1999年12月初，卡莉积极联系公司的管理层，并及时与他们沟通。当会议结束时，她也没有闲下来。在得知商议的结果达成协议后，卡莉又马不停蹄地与董事会做了沟通。她曾把与公司管理层开会的内容告知路·普莱特。路·普莱特很支持卡莉的看法，还给她提供了不少好的建议。又依据他多年的工作经验，对公司各个主管的优缺点进行了分析，以便于卡莉能客观地了解每个人的想法。

不久之后，领导层的扩大会议顺利召开。这场会议规模庞大，参加会议的大约有300人。卡莉的首要任务就是告知所有参加会议的人员有关管理层所做的决定，并且希望这些人能够在惠普多项的改革中给予支持。

会议进行了不到一半，卡莉就已经遭受到不少充满敌意的言语攻击，或是冷嘲热讽，或是眉眼怒视。尤其随着会议的持续推进，这种负面情绪竟被彻底地激起来。他们互相之间或是看不惯对方，或是不支持已达成的决定，或是相互之间谩骂侮辱。实际上，他们之所以有这样的反应，主要在于他们对已经达成的决定和共识反悔了。

当天下午4点钟，卡莉把想说的问题一一说清楚后，又针对从前提到过的问题，作了详细的统筹。之后，她和大家进行交流，把没能解决的问题再次进行回顾和讨论。面对所有人固执又不变通的态度和立场，卡莉只得下了一个决定，她认为如果大家不能达成一致的共识，就不能放他们离开会议室。所以，当天的会议一直持续到晚上8点钟。卡莉一再要求大家提出心中所疑虑的问题，若碰到难以解决的，就一起商议着处理。在未完成的共识前面，大家又磨合了很久，才达成一致的意见。

不过，卡莉一直没有想好到底应该怎样跟大家谈变革，因为"变革"这两个字总是沉甸甸的，如果有的地方没做好，就会出现很大的乱子。与此同时，不少员工对比尔和戴维崇拜之极，自从惠普公司成立以来，这两个人的想法就在惠普占据了牢牢的位置。

为了能煽动惠普的高层，卡莉特地给他们播放了一段与客户的交谈视频。她的目的很简单，就是让所有人感受到变革的大势所趋。在视频中，常常能听到客户的抱怨。他们需要惠普发奋上进，需要员工积极勤劳，也需要他们的工作做得细致精湛。视频中的每一句话，每一个字都在向他们述说着变革的必要性。

第二天上午，公司的扩大会议召开。大家的态度各异，疑问和焦虑也层出不穷。有的人甚至很直白地询问卡莉，她如果真的变革了，会不会因为激进和冒险而犯错误。

实际上对于这个问题，戴维·帕卡德写的《惠普之道》中就已经给出了答案。戴维·帕卡德说："守成就意味着失去阵地。"所以，如果一个公司一直保持原有的姿态，不去变革，也不想着如何升华自己，它就会变成掉进历史漩涡的古董，在现实生活中起不到任何作用。卡莉认为，不论是一个人还是一家公司，都需要不断尝试新的事物，也需要不断丰富自己。因为是人就有犯错的时候，同样对于公司来说，也需要一个机会改变。变革就是在原有的基础上摒弃糟粕，留下精华。当然，在这条路上往往会遇到各种各样的困难，她坚信勤勤恳恳地往前走，不畏惧困难，迎难而上，越挫越勇，就能取得所要的辉煌。

在收购康柏之前，惠普的分公司遍布全球130多个国家，有8万多员工。员工虽然多，公司也够大，但是大家每天都被忙碌不休的业务缠身，根本没有时间去想变革的问题。而且，公司领导和员工之间沟通很少，也只有到了每个季度开会时，才把带有本年度利润分配方案的视频通过邮件发往世界各地。卡莉认为，这样的方式无法起到上传下达的作用。而且她如果想变革，想将所有关于变革的信息尽数传到员工的耳朵里，就必须找到一个能解决这个问题的很好的方式。

为此，卡莉专门找人建造了一个供全公司员工传递信息和交流的网站。这种方式能很好地解决沟通障碍的问题，也能及时发布总部最新的消息。有了这个网站，他们会定期召开虚拟又真实的全球负责人会议。如果有最新的资料，也会通过网站转交给各个经理人，然后再通过他们下发到各个组织中去。但是，变革是不等人的，也是刻不容缓的。他们等不到网站建成后再变革，他们一定要有快捷的速度，一定要赶在最前面完成所有的变革。

为了激发员工的创造力，也为了让更多的员工学习到惠普创业的传统，卡莉与他人一起写了一本"车库守则"的资料。在这本守则中，卡莉对惠普之道进行了充分诠释，让越来越多的员工了解到惠普的价值观和真正含义。当然，卡莉也加入了一种新的理念，叫作"分享你的工具和思想，别把工具箱锁上"。除此之外，还有"客户是我们工作成绩的评判者"。卡莉认为，惠普的所有员工都应该有一种信仰。他们要有高尚典雅的追求，而追求的不是虚无缥缈的头衔，而是功成名就的事业。

1999年11月，拉斯维加斯举办了一场电脑展。就在那次的电脑展上，卡莉向大家宣传了公司刚刚更改不久的新标识。

当时，卡莉带领团队去了惠普第一个公司标识的存放地，在曾经的标识下面加了一个词——"创造"。这个孕育着新的理想，也传达着惠普多年来追求的词语，成了卡莉向世人宣传惠普，展望未来的材料。面对科技突飞猛进的1999年，她有太多的话要和大家说，也有很多想法要与别人分享。于是，在拉斯维加斯举办的电脑展上，卡莉作了一个慷慨激昂的演讲。她畅谈惠普的未来，追忆惠普成立时的辛酸苦辣，感染了越来越多正在聆听的员工，也感染了许许多多不了解或正在了解惠普的人。

演讲结束时，场上播放了一段有关卡莉的两分钟视频。这是一部宣传惠普的广告片，第一期由卡莉解说。虽然她很不喜欢这份工作，甚至觉得这样的作秀很讨人嫌，但在一些员工的要求下，她还是硬着头皮，接下了这个让她不怎么情愿的差事。

与此同时，卡莉也在经手另外一件事情。她准备把戴维和露西尔夫妇曾经住过的房子和车库买下来。在卡莉看来，保护和维修老房子以及车库是一件刻不容缓的事情。因为惠普不仅仅是一个公司，它还是所有员工和领导的一个信仰。卡莉要让更多的员工了解惠普的过去，也想把曾经居住在这里的发明家所创造的业绩拿出来，用来激励一代又一代的惠普人。

卡莉花了210万美元买下了所有的房产，在她的精心设计下，老房子很快焕然一新，成了一栋别开生面的大楼，而这栋楼直到2005年才对外开放。虽然从买下到装修完成再到开放花费了6年的时间，但也是这6年让卡莉不断积淀，也让不少惠普人开始意识到惠普文化的重要性，激励着越来越多的员工勤奋工作。只不过房子和车库开放的时候卡莉没有过去剪彩，这件事也成了她一生中最遗憾的事情。

在进行最终的品牌和广告展示之前，卡莉曾在休利特和帕卡德的老办公室里举办了一场鸡尾酒会。为了庆祝惠普的成功，卡莉还请来了休利特和帕卡德家族的许多成员。从公司创办人的儿子到孙子，每个人脸上都洋溢着微笑，每个人都在为惠普的今天而骄傲。他们之中有些人是第一次来惠普，有些曾经来过惠普之后又离开了。但不管怎样，当他们看到自己的亲人曾经创办的公司取得了如此傲人的成绩时，大家脸上都洋溢着自豪的微笑。卡莉向他们介绍了惠普曾经经历过的跌跌撞撞，也向他们展示了有关休利特和帕卡德的视频。

听到柔和的音乐，看到熟悉的笑容。惠普曾经的辉煌如同一幅画卷铺陈开来，卡莉看到了惠普创始人步步为营的良苦用心，也看到了惠普未来长远的发展。吉姆·休利特难以抑制心中的喜悦，悄悄对卡莉说，他很久没有为惠普如此开心过了，而这一次，他想为惠普骄傲一次。

不过，当卡莉出现在广告中时，有不少人却提出了质疑。他们认为，卡莉没有资格出现在惠普的广告中，更有人说她是异教类。他们能接受李·艾科卡，也能接受汉克·麦金内尔和维克多·基亚姆。在反对者的眼中，卡莉永远没办法和他们比，也似乎没资格。

一时间，反对者的矛头纷纷对准她。有的人说卡莉想要取代两位公司创始人的地位，也有的人认为，卡莉把照片挂在两位创始人旁边是有意与戴维和比尔抢风头。甚至,有人十分不赞同卡莉修改公司标识,他们觉得改了公司的标识就仿佛换了一家公司。只不过他们从不知道,卡莉所修改的公司标识也是创始人所喜欢的。

虽然有不少人反对,守旧派和改革派的声音也在此起彼伏,但卡莉还是看到了希望,听到了变革的号角声。她从电子邮箱中看到了很多支持变革的信息,也在合作伙伴和团队成员那里听到了一阵阵冲锋陷阵的呐喊。

如今的惠普,不再是小而简单的公司,它变得越来越复杂,越来越国际化。那些不懂卡莉想法的人,她从未想过责怪。因为走到今天,卡莉一直在用实力说话。惠普正朝着战略目标、结构、流程和惯例、评价标准、奖励机制、文化、行为和思维方式等的方向进行管理。这将是一个完善的体系,也将会深深植入到组织的内部中。卡莉认为,只有改革派的力量足够强大,在任何事情上都能盖过守成派和守旧派,才能将变革铺陈开来,不再扭扭捏捏,也不再唯唯诺诺。中国有句古话说得好:"太上,不知有之;其次,亲而誉之;其次,畏之……功成事遂,百姓皆谓'我自然'。"

因此,卡莉一直在为团队乃至整个惠普倾尽全力。尽管变革的路上有各种各样反对的声音,但她始终告诫自己:如果一个优秀的领导者想获得大家的赏识,取得所有人的信任,就必须修身养性,既要尊敬这个组织,又要尊敬组织里的所有员工。所以,不论遇到怎样的困难都应该迎难而上,让整个团队保持绝佳的战斗力。

责任：站在同一个甲板上

在卡莉到惠普的第一个秋天里，她就碰到了公司20多位守旧派。他们在惠普工作了很多年，已经成了惠普最顽固最不可动摇的中坚力量。在他们眼中，卡莉是地地道道的异教徒。

有一天，卡莉在办公室接到一个电话。打电话的是罗斯玛丽·休利特，她是比尔·休利特的第二任妻子。卡莉从罗斯玛丽口中得知，比尔和她想宴请卡莉和弗兰克到家中吃午饭。当听到这个消息的时候，卡莉感到无比兴奋，因为她对比尔一直都很崇拜，而且能得到他的邀请，本就是一件很幸福的事情。

当卡莉和弗兰克来到比尔家中时，一切却没有想象中那么美好。她看到游泳池中坐着20多个人，每个人看上去年纪都不小了。有的人她从未见过，有的也只是有一点零星的记忆。直到会议的最后她才得知，这些人是惠普已经退休的经理人。

见到比尔的时候，他正坐在轮椅上，根本没有办法随意活动。由于比尔身体驼背导致身体前倾得很厉害，因此卡莉没有看到比尔的目光。在他面前，卡莉感觉就是一名小职员。她好像看到了曾经惠普的辉煌，也好像看到了那些执着的追梦人。

卡莉向他表达了难以抑制的崇拜之情，她从比尔年轻时的光荣事迹说起，一直说到她自己能领导以他名字命名的公司而骄傲为止。尽管比尔意识不清晰，但听到很多往事，他脸上还是会不经意地浮现出笑容。卡莉从比尔的眼中看到了喜悦，也看到了随着时间推移后的面容呈现的那份沧桑。

过了好一会，他的嘴突然嘟囔起来。卡莉听不清他在说什么，语言混乱声音低沉。后来，仆人告诉卡莉，年纪大的比尔每当想要吃饭时，都会发出窸窸窣窣的声音，而且他通常喜欢一个人躲在屋子里吃饭，不希望任何人打扰。

卡莉跟着大家走进餐厅，罗斯玛丽为她安排了一个座位。不曾想，她还没有从比尔的事情中缓过神来，就看到一大群"审讯官"挨着她一一坐下。接下来的时间里，卡莉完全被他们围起来。那些人就像机关枪，抛出一个问题又一个问题，将她逼到了无法挣脱的死胡同。三个小时过后，一位"审讯官"满是钦佩地告诉卡莉，她的回答完全可以得到A⁺。午饭后，除了这位"审讯官"和罗斯玛丽说了几句好话，其余的人都暗暗保持沉默，以至于到后来，他们都成了反对康柏收购和反对卡莉领导的坚固力量。

卡莉来到惠普最大的遗憾就是没能在比尔身体健硕时与他碰面，她更遗憾自己没能见到戴维·帕卡德，他就早早死去了。卡莉从杰·凯沃斯口中得知，年轻时的戴维和她完完全全一样。他们都有敢于拼搏的精神，也都有不屈不挠、视死如归的品质，而且，两个人的视野也惊人地一致，能看到未来很多的发展机遇和挑战。杰·凯沃斯很是欣赏地告诉卡莉，如果戴维还活着，他一定会很开心，因为他后继有人了。后来，杰·凯沃斯评价卡莉说："戴维没能亲眼看到的孩子"。

11月，卡莉遇到了一件并不顺心的事情。当月有个董事和高管碰面的会议，然而路·普莱特却告诉卡莉，她最好回避一下，会议就不用参加了。最后，路·普莱特与董事们谈了一个多小时，但会议最终的结果依然

205

不圆满。卡莉从会议中了解到，下个月迪克·哈克伯恩将要接任路·普莱特的职位。

有一天，迪克·哈克伯恩来看卡莉，两个人就在平时与公司管理委员会碰面的会议室见了面。卡莉从迪克·哈克伯恩口中得知，在董事会会议上，路·普莱特说她变革的动作太快了，而且变革的措施明显有很大的问题。

但是，卡莉从未在路·普莱特口中听到这样的话，她觉得事情来得有点突然，也有点措手不及。考虑了很久，卡莉作出了一个决定，她认为就目前的形势看是和董事会摊牌的时候了。

迪克·哈克伯恩还告诉卡莉，当听到萨姆·金尼的话时，所有的人都愣住了。萨姆·金尼很疑惑地问大家："如果这么说，那我们为什么要聘用她呢？"

听完迪克·哈克伯恩的话，卡莉心里多少有点不是滋味。她不知道应不应该相信他的话，也不知道接下来又会遇到怎样的困难。就在她一筹莫展的时候，杰·凯沃斯也来找卡莉了。他一见到卡莉就摆明了自己的观点，他希望卡莉能和迪克联手，一起进行公司的改革。

实际上，杰·凯沃斯一直对董事会有很大的意见。虽然他很尊敬曾担任惠普首席执行官的萨姆和菲尔，但是其他董事在他眼中都没什么用。他认为他和迪克才真正是比尔和戴维基业的守护者。

卡莉为了弄清楚这件事，与董事会之间进行了深入的沟通。她认为，自己之所以能来惠普，就是为了推进惠普的改革。因此，卡莉与董事会之间谈的话，远远比路·普莱特说得要全面。她几乎无话不谈，而且很随意，很有内容。她希望大家能够再接再厉，正因为改革的路上充满了各种挑战，才需要他们相互之间在行动上达成一致的共识。

在卡莉看来，整个董事会的工作并不容易。他们主要负责管理整个公司，并且要完成既定的业绩。除此之外，董事会每年也要召开6到8次会议，因为会议的次数很少，所以董事会不可能知道公司过多的细节。这样下来，他们也便不知道如何才能管理好一家公司。

卡莉认为，如果董事会不能全面详细了解"惠普领导框架"，也不能了解所有管理者与员工付出的努力，那么他们就无法作出正确的判断，也无法肩负起整个惠普的未来。

董事会的工作多种多样，除了要分期审议当前的业绩之外，他们也要定下财务计划。对于公司的战略选择、组织结构、绩效评价、商业道德规范、文化创新和公司高管的人事调动方面，也要负有责任。

因此，卡莉在对董事会有了更加深入的了解之后，决定让所有董事会的成员尽可能多地了解公司近况。因为他们常常高高在上，所以眼睛看到的并不全面。卡莉认为，只有深入基层才能挖掘出最朴实也最有价值的问题。

准备了一段时间后，卡莉想出了一个比较好的方法。她希望将工作和决策公开化、透明化，每过一段时间，就邀请董事会成员参加公司管理层会议。相比较高瞻远瞩的董事会会议，管理层会议所谈及的问题明显要细小很多。而且管理者们的意见和决策都层出不穷，董事会成员在这样的会议氛围中，思想能得到极大的释放，从而打开无穷无尽的创意空间。

在12月份即将召开的公司会议上，卡莉向董事会的成员提议，希望大家能够在她不在场时多与公司的管理层以及员工有近距离的沟通。就目前情况来说，很多公司的董事会成员与下属之间都保持了很大的距离，而距离的产生不仅使他们无法正常开展工作，也很容易失去了解公司现状，抓住公司主要矛盾的机会。

后来过了一段时间，迪克和杰·凯沃斯开始尝试这种做法。他们两个人渐渐深入到公司的基层中去，与员工和管理者打得一片火热。卡莉则再接再厉，除了继续实行她倡导的措施之外，也定期对董事会的网站进行更新。就这样，董事们像公司的其他员工一样，每隔一段时间就能在网站看到公司大大小小的信息。

当然这样的做法也引来很多人的不满，他们一直抱怨，认为董事会与管理层的交流过于频繁，而频繁的结果直接影响他们的正常工作。直到惠普与康柏合作之后，康柏的董事们深入到惠普的公司中来，看到惠普的董事们和公司管理层以及员工相谈甚欢，不禁露出惊诧的目光。因为自从他们踏入商界以来，从没有碰到过这样的事情。

不过经过一段时间的磨合之后，卡莉发现她的做法也不尽完美。因为很多董事的目光并没有变得长远，他们有不少人在做董事之前曾是别的团队精英。所以深入到基层后，大部分董事都会和曾经自己爱好的团队沟通交流，对于根本不感兴趣的团队缺乏清晰的认识。就像迪克和杰·凯沃斯，他们两人曾是科研专家。他们在科研方面的兴趣远远比营销方面要高，自然投入的精力也比别的董事要多。他们甚至想把很多钱投入到研发领域，而忽略了公司需要整体发展。

随着"下基层"方案的实施，董事会成员的各种想法也慢慢浮现出来。他们似乎总有想不完的点子，有时在董事会上提出，有时则与公司员工私下沟通。如此一来，很多问题便应运而生。因为不是所有的点子都是有用的，甚至不少点子都是馊主意。

有人告诉卡莉，她应该把鲍勃·韦曼辞掉。因为鲍勃·韦曼在惠普就仿佛是一枚图章，他的存在只是公司某个方面的象征，根本没有任何实用价值。不过卡莉认为，鲍勃·韦曼的作用远不是他们想的那么简单。在她还没有来惠普之前，鲍勃·韦曼的脑子里就有很多想法，只是由于种种原因而无法全部施展，他总是被人压制总是被人束缚。直到卡莉来到惠普之后，他才有了更大的发展空间。实际上，在鲍勃·韦曼担任新的职务以后，他也通过自己的努力向别人证明，他绝对是一位世界级的首席执行官。

卡莉每一次和董事会成员交流，总会听到各种各样的意见。当然，对于惠普来说，他们的意见并非都是有用的，所以卡莉要和其他管理层一起花很多时间处理这些馊点子。不过，有人提意见总比鸦雀无声地冷场要好得多。现在的惠普，急需一个集思广益的空间。卡莉要做的正是把持住言论的方向，只要不偏离公司正常运行的轨迹，她就不会干涉他们言论的自由。

2001年1月，卡莉率领团队在公司外开了3天董事会与管理高层的座谈会。这场座谈会的目的主要是为了讨论在2001年可能遇到的挑战，他们还将惠普的发展战略和方案都一一罗列出来。卡莉很重视这场会议，所以她不仅让所有的管理委员会成员参加，还把思科公司的约翰·钱伯斯请了来。当初卡莉在朗讯工作，约翰·钱伯斯曾是她的死敌。这一次她之所以请约翰过来，就是想听听旁观者对惠普的看法，卡莉认为，这样的看法对董事会有很大的帮助。果然不出所料，约翰对于公司制定的战略直言不讳，他没有任何隐瞒地发表意见，说他们成功的概率不大，也就是五成。

这场会议一共开了3天，之后卡莉又参加了董事会召开的例行会议。整个会议，大家所谈及的仍然是上次会议的战略，他们认为上次会议足够奏效，所涉及的内容也很全面。卡莉认为，上次董事会并没有带给她太多期许，因为路·普莱特的话深深地伤害了她，她不知道在接下来的公司发展中，各位董事们会不会一如既往地支持她。

没想到，很多董事依旧像当初一样，对卡莉义无反顾地支持。他们认为，卡莉作为首席执行官的方式与路·普莱特有很多不同。对路·普莱特来说，他看重的是一张张没有任何价值的报表。而卡莉谈及的是鲜活的未来，她的设想和计划远远比一张张报表更让人舒服，也更让人能看到希望。

2001年6月，卡莉再次来到她的母校——斯坦福大学。这一次，她不再是当初那位稚嫩的少女，她已经成了整个惠普大公司的首席执行官，拥有千万的资产。在新生开学典礼上，卡莉向所有新生传达了她的感慨，她觉得自从来到惠普之后，她的所有价值观和个性都发生了巨大的转变。卡莉认为，一个人的价值在于坚持，只有拥有崇高的理想，拥有良好的价值观，加之永不气馁的努力，才能取得人生的辉煌。

惠普在这么多年的发展中，一直坚持一个宗旨："社会美好的明天并非几个人肩头的重担，而是人人应该分担的责任。"所以，卡莉有意致力于让每一个惠普员工都了解自己的责任，也让大家都看到自己的价值。

21世纪是一个发展迅速的世纪，也是网络信息技术蓬勃发展的时期。卡莉认为，如今就像当年的文艺复兴，有太多的发明创造应运而生，也有很多的文化文明绚烂夺目。在全球100个最大的经济体中，惠普占到了52席。这在整个美国，甚至是世界上都是很值得骄傲的事情。在卡莉的引导下，惠普就像一条巨龙，迅速地舒展开身躯穿梭在世界的经济中，游刃有余。

2000年，卡莉和黛博拉·邓恩共同讨论了有关惠普慈善事业的问题。作为世界上顶级的大公司，他们必须作好标杆，让越来越多的人关注到世界各地需要帮助的人。卡莉和黛博拉谈论了很久，最终他们确定了范围，打算把重点锁定在教育和社区的发展上。实际上，一个项目的确定并非那么容易，从项目的批准到开展需要大量的资金支持，还要得到管理者的关注。因为只有拥有了这些，一个项目才能持续下去。否则项目效果不佳，也不是他们关注的重点，自然就要取消。

对于教育方面，卡莉和她的同伴们商议了很久，决定把重点放在贫困社区孩子的学习上。他们想帮助那些孩子提高数学和自然课的成绩，也打算以给孩子们提供奖学金和实习机会的方式激励他们学习和发展。

除了这些，惠普还通过科技、培训、发展企业和合作的方式推动社区的发展。因此，他们把目光投入到了休斯敦、南非、圣迭哥以及印度上。在卡莉的带领下，惠普在这些地方持续投入，时间长达3年，花了大量的人力、财力、物力。从大局上看，惠普让更多的贫困家庭和社区享受到了福利，而且他们也一直致力于项目的持续发展上。卡莉认为，这也是一个很好的商业战略。因为目前惠普的受众大多数都是中年白人男士，像女性、年轻人还有少数民族的群体，却很少有人知道惠普品牌。

当他们将惠普的品牌带到社区，让更多的基层群众了解到惠普的价值时，很快，惠普的品牌效应立马显现出来。渐渐地，越来越多的人了解到惠普，而惠普的市场也逐渐打开，并且创造了新的客户群体。

卡莉认为，他们之所以给世界上生活贫困的人们带来了福音，并非出自于对他们的同情。所有的一切，都源自于惠普高尚的利益需求，而且慈善事业的产生，激发了不少员工的工作热忱。他们不再只是为了赚钱而工作，也为了社会的人道主义精神而工作，当肩上扛着的不但是自己也有别人的时候，员工们便不再自私，也不再抱怨。

惠普全球的慈善项目最后落在黛博拉·邓恩身上，这是一份光荣的工作，也是一个巨大的责任。黛博拉和与她在全世界一起工作的人们，不仅创作了辉煌，也迎来了世界可喜的变化。实际上，当把慈善做到尽善尽美时，一个公司的崛起也就指日可待了。

卡莉的成功，不单单在作为一名世界级的首席执行官上。她的目光长远，能看到公司未来的发展前景。与此同时，她也清楚地知道公司存在的问题，到底公司在哪些方面应该下足功夫，又在哪些方面应该一笔带过。因此，卡莉的成功是大势所趋，也是事情发展的必然结果。

细节：站在客户立场去思考

惠普是一个超大型的公司，在世界各地都有分公司。每年惠普的采购以及供给客户的产品和零部件价值都很高，多达上百亿美元。如此庞大的天文数字，总能带给人无穷的遐想。然而，所有的一切也并非想象中那么美好。因为每当他们与供应商谈判时，出现在大家面前的却是87个独立部门的人员。由于人员庞杂，又没有精准的部门与供应商之间形成对接，因此，他们每次谈判都无法谈下最好的价格。

卡莉认为，虽然他们拥有世界上顶级的技术，但这些荣耀并没有给惠普创造太大的价值，反而出现了很多负面影响。因为科学方面的加强势必要投入大量的资金，而这些资金很多都是无意义的，所以，如果惠普能学会分享资源，在员工工资发放和财务流程上节省下浪费的资金，必然可以省下不少钱。

随着惠普的不断壮大，矛盾和问题也层出不穷。目前来说，惠普公司的不少部门从未站在客户的角度考虑问题。他们觉得是在自己部门研发出的产品，又要对整个惠普公司负责，就没必要替客户考虑那么多。

然而在客户眼中，惠普是一个很大的集体，所有员工都在一家公司工作。但是，惠普的员工中却很少有人知道客户从他们这里买了多少设备，而客户对公司的评价又是怎样的。因为大多数员工普遍缺少必要的知识，也缺少一定的信息和热情。

卡莉结合在朗讯工作时的经验得出结论，惠普的员工之所以没有方向，主要在于他们没有学会横向协同合作。在惠普的员工看来，他们每天都是在某个产品组建的管理团队中工作，除此之外，并没有更好的工作方式。

卡莉认为，他们的这种工作方式是由组织结构图界定的，而实际上这并不是一件好事。因为如此一来，他们不会注重寻找商机，也不会注重解决问题和满足客户的需求。所以，卡莉目前要考虑的问题就是，如何才能使员工达成横向的协同合作。她考虑了很久，才从平时工作中寻找到解决方法。终于，卡莉想明白了整个问题。她觉得，员工出现这样的情况，领导者负有不可推卸的责任，因为领导者有责任帮助组织提升能力，也有责任帮助员工提高信心。领导者还有一个很重要的职责，就是给员工提供一个学习新技能的机会。

不久后，卡莉给所有人召开了会议。她认为，目前的惠普是时候争取重新夺回 UNIX 市场上的霸主地位了。在科研人员的不懈努力之下，他们终于推出了一款高端的 UNIX 服务器，这项服务器的名字叫 Superdome 超级服务器。对于惠普来说，Superdome 超级服务器的推出有着重大的意义，因为它最大、也最先进，在整个行业都有着无可撼动的地位。

与此同时，新服务器的推出也需要所有人通力配合。实际上，Superdome 超级服务器准备在 2000 年 9 月投放市场，而卡莉要做的第一件事就是要说服一大批客户购买这个新产品。在电脑行业日新月异的时代，惠普抓住了大多数商家的心态，将系统本身的性能做到最好，就连复杂又准确的操作也能顺利完成。不过，他们要说服客户买这个新产品就需要所有员工一起配合，将产品从惠普实验室推销到客户的办公室中去，还需要有人学会安装，有人学会维修的技术。卡莉认为，这就是一种横跨多个部门也横跨多条指挥链的协同合作，因此，她要经过自己的努力让所有员工体会到横向合作的重要意义，这也是她接下来最重要的工作。

卡莉认为，在实行计划之前，既需要考虑到大局，也需要考虑到细节。如果哪一个方面落下了，都将会造成不可估量的损失，因此，卡莉先把研究Superdome超级服务器项目的有关人员从各个部门中调出来，从研发人员、销售人员、市场调研人员，再到组装人员、技术支持人员无一例外。紧接着，她又把公司的各个层级的经理也调出来，让大家聚集在一起。他们要做的首要任务就是学习，将有关新软件的所有信息和知识牢牢掌握，哪里出现了不懂的问题就问负责该问题的人员。几个月下来，大家学到了不少知识，也了解到很多以前从未了解的公司内部信息。

没过多久，卡莉在公司设定了一种客户评价他们成败的体系，叫"客户综合体验评价系统"。这个系统主要对员工的工作进行监督，也有很好的评价功能。如果产品的研发在规定的时间内完成，经过检验没有问题，反而在组装时遇到了麻烦，那系统的分值就会降低，因此，并非一个员工做不好就是他的不对，系统反应的是团队的工作情况。大家都是集体的一部分，一个人出了错误，就如同整个集体出了错。

在卡莉正确和耐心的领导之下，Superdome超级服务器成了惠普最重要，盈利最多，同时也是最成功的产品。当然，其间也难免遭遇别人的误解和谩骂。

2000年9月，有媒体造谣说惠普研制出的Superdome超级服务器是一枚超级炸弹，并没有鼓吹的那么好。不过经过实践证明，媒体的评论纯属子虚乌有，他们只想诋毁惠普，只想挖掘令读者感兴趣的新闻，并没有任何追求事实性的想法。

研究新的服务器需要很多员工跨部门合作，实际上这种跨部门合作让不少人学到了很多东西。如果开展某个项目，他们就会自觉地把适合这个项目的人聚集起来。大家没有职位高低之分，只有对工作神圣的向往热爱。渐渐地，这种习惯成了惠普独一无二的标志。

卡莉认为，公司中不论什么职位的人，也不管曾经取得过怎样的成就，如果想把以后的工作做好，就必须谦虚谨慎，而且要虚心好学。她决定把学习的过程扩展到整个公司中去，甚至渗透到公司的每一个环节。

为了能顺利推动工作的进行，卡莉要求经理人事先把所有设定好的工作流程图和评价体系做好。因为任何一个横向协作都需要严明的组织性和纪律性，不然大家工作起来没有方向，没有继续做下去的动力，就会人心涣散。

横向合作其实有一个特点，它和总部集权并不一样。实际上，集权式的决策属于传统的方式，它主要通过纵向的指挥链来达到目的，但是，这种决策往往集中在小部门中，无法渗透到大部门里去。至于横向的决策，则需要不同的地区部门倾力配合。

2000年6月，卡莉正式向惠普的高层管理者引入了惠普领导框架。她之所以向大家展示这种方式，就是为了让更多的高层在领导能力的发展和战略上多花些时间，也为了让他们将眼界放远而不只是局限在一小部分上。

在讲述这个框架之前，卡莉先向大家说了一个中国的哲学思想。其实卡莉很喜欢中国，每次开会时，为了说明白一种思想或是一种方式，她往往会以引用中国的哲学、名句的方式开头，她认为这样做能够使员工增加对某种思想或策略的可信度，也能使他们进行自我剖析。

卡莉认为，领导者的注意力应该放在为组织设定正确的行为规划之上，而且领导要考虑很多问题，还应该从那些问题中寻找到解决方法，不能睁一只眼闭一只眼。在反复的磨合中，卡莉设定了一种新的管理方式，叫作："制定方案，让员工大胆去闯。"领导者的责任主要是帮员工铺好路，为他们规划好接下来要行动的大纲。剩下的工作就是领导员工向着正确的道路迈进。

对于团队建设，卡莉认为应该有一些有趣的想法和计划。从她上任一直到卸任的这段时间里，她参加过大大小小的管理高层会议，也见证过很多有趣的事情发生。有的人会在会议上讲笑话，有的人会以故事的方式引出自己的观点，也有的人提议举行一个小小的竞赛。总之，大家每次在管理高层会议上都能找到乐子，卡莉发现，大家都喜欢轻松快乐的会议氛围，一点也不喜欢枯燥、沉闷的"演讲"。

实际上，这样的方式对于团队建设有很大的帮助。有一天，在一次高层管理者会议上，卡莉把所有高管们分成了两组，她让大家分开制作有关"老惠普"和"新惠普"的录像带。除此之外，卡莉也让公司高管们自由组合在一起，在会议室高声唱惠普公司的歌。

虽然这些做法在别人看来有点傻气，但却无可挑剔的是，如此好玩的事情极大地激发了员工努力工作的潜能，同时也加深了他们对公司的热爱和了解。这是一种无伤大雅的调侃，也可以看成是释放员工压力的娱乐大集会。因此，很多时候卡莉成了别人拿来开玩笑的工具，她那个"旅行中带着发型师"的故事，也成了大家津津乐道的谈资。

卡莉认识鲍勃·诺因有很长一段时间了，他在惠普主要负责运营。

卡莉为了让更多的人了解变革，就让鲍勃·诺因在管理高层会议上发言，希望大家能够听到一位有经验的旁观者对变革的看法。实际上，这种方式可以最大限度地抓住员工的心，让他们了解到变革并没有想象中的那么简单。而且通过鲍勃·诺因的发言，也能把大家团结起来，从而使他们尽最大的努力完善自己的工作。在听完他的演讲之后，杰·凯沃斯和萨姆·金尼被深深触动了，他们觉得鲍勃说得很有道理，也对惠普未来的变革有很大的信心。于是他们两个极力推荐他加入董事会，后来鲍勃的加入获得了所有董事们的赞同。

接下来的很多年里，卡莉重新设计了很多种管理人员的培训计划，因为任何一个领导的管理能力都不是天生的，而是经过后天的不断培养，不断学习才慢慢拥有的。卡莉与很多公司和行业都作过对比，又从别家公司取其精华去其糟粕，进而设计出了一整套行之有效的培训方案。这种培训方案被称之为"精英计划"。后来，卡莉为了让更多的领导丰富自己的视野，决定开展一种领导轮换项目。她希望每个部门的领导互相之间可以交换工作，进而丰富彼此的经验，也能够扩展他们各自的眼界。

卡莉在培养领导者的过程中，深刻体会到一个道理。并非所有人都能被培养成领导者，因为但凡能成为领导的人都要有好的性格、能力还有协作精神。在这一方面，安东尼奥·佩里兹和卡罗琳·蒂克纳明显做不到。到了后来，他们离开了惠普，紧跟着另外一些人也随之离开。卡莉认为，在一个大公司中，领导者必须要有强大的决断能力。如果一个人无法对公司的发展作出任何贡献，就必须被不留情面地剔除，不然，他们的存在很有可能会让公司的秩序出现紊乱。但是媒体却不这样认为，他们觉得惠普高层的离开其实是卡莉独裁的结果，有的媒体甚至说卡莉的控制欲太强，进而把公司带入了歧途。

2000年9月，美国的所有公司迎来了一个春天。原来，这个月里，所有公司的评价指标都朝着良性发展的轨道运行。股价出现了疯长，公司的收入也越来越高，增长了近百分之三十。但是就在这么好的形势之下，迪克·哈克伯恩却坚持要辞去董事会主席的职务。

实际上，早在2月份的时候，卡莉就曾听到他说要辞去董事会主席职务。只不过当时卡莉没有同意，迪克·哈克伯恩便硬着头皮干到9月份。后来迪克辞了职，董事会经过协商讨论，决定让卡莉兼任这项职务。

1999年12月，董事会召开了一场会议，他们经过极尽艰难的讨论，决定宣布一项一拆二的股票分割计划。这个计划在2000年6月得以实现，而且取得了巨大的成功。惠普的股票疯长，每股一天内竟上涨到13美元。

不久之后，卡莉在全球视频会议系统网上举办了一场全体员工见面大会，这场大会空前盛大。虽然大家只是拥挤在一间虚拟的会议室中，但每一个人的情绪都很高亢，大家纷纷传达着对惠普公司的热爱。卡莉带领大家回顾了过去傲人的成绩，也带领大家展望了惠普的未来，寻找黑暗中的一片光明。

令卡莉惊讶的是，很多员工似乎对惠普知之甚少，好像不知道自己到底在为什么样的公司工作。她想了很久才明白过来，原来大家每天都在重复着单调的工作，应付着来自五湖四海的挑战，他们所有的时间都被忙碌的工作占据，无暇思考和了解公司的一切。

然而就是因为这样，才会让不少人将挑战看得太简单，反而忽略了变革的本质。

在卡莉看来，很多人觉得变革已经成功了，公司正在向着正常稳健的道路迈进，然而他们却没有意识到，真正的变革才刚刚拉开序幕，未来的一切都还是未知。

一个偌大的公司，拥有千万资产和数万员工，总会有碰到困难的时候。实际上，在卡莉担任惠普首席执行官的岁月里，她一共主掌了23个季度，其中有3个季度的市场状况没有达到市场分析人员的预测。这3个季度分别是2000年第4季度、2003年第3季度、2004年第3季度。但卡莉是明智的，她心里很清楚，一个季度的市场状况越是没有达到市场分析人员的预测，就越可能存在潜在的风险。这也说明他们有很多问题需要解决，对于公司的很多细节，也需要作出合理的调整。

2000年第4个季度，为了让公司达到更高的目标，卡莉将增长速度调整到17%。实际上如今看来，作出这样的调整本是一件好事，至少能够激励员工为达到目标而尽自己最大的努力。

在此期间，他们接收到了很多订单，甚至超出了组装部的能力，以至于不少订单只能一直往后拖延。在工资发放上，惠普给销售人员付了更多薪酬。由于当时没有建立跟踪销售人员和团队销售收入的信息系统，他们无法得知销售人员到底收入多少。因此当时付给他们的费用大多是在难以作出判断下支付的，而这部分薪酬的支付很大程度上是导致了公司没有达到市场预期的主要原因。

至于2003年第3季度和2004年第3季度没有达到市场预期，则与销售团队有很大的关系。事实上在2003年，由于惠普缺乏监督机制，将同一笔销售所得酬劳意外支付给了几个销售团队，从而引起惠普钱财的大量流失。而2004年之所以没有达到市场预期，是因为他们的产品销售和渠道供应商存在某种未解决的问题。这些问题的发现，让他们不得不对支付系统以及人事进行改组，因为只有把所有漏洞都堵上，下次再遇到问题时才有更加完善的解决方案。

如果达不到市场预期，卡莉这一季的所有努力也就付诸东流。她是所有人中最焦虑的一个，因为她一直在倡导变革。若变革的实质无法引起惠普的高速发展，她的能力将会受到别人的质疑，进而会动摇公司的转型。如此一来，不仅会让那些敢于变革的急先锋失望，也会让不少反对变革的人来一次反扑。因此，每当达不到市场预期时，卡莉总会对所有员工讲话，让他们相信自己的决断，相信一定能实现既定的目标。当然，有不少人在背地里说卡莉过于幼稚，根本就不懂得商场世界里的规则。然而，无论产生怎样异样的声音，也不管别人以怎样的眼光看她，她都会骄傲而执着地走下去，因为她始终坚信自己的选择是对的。

卡莉认为，一次失败并不代表以后都会失败，世界上最可怜的人就是明明可以选择坚持下去抵达成功的彼岸，他却在中途放弃了。

第九章

核心价值
看不见的企业文化

裁员："杀人女魔头"卡莉

2000 年下半年到 2001 年，美国经济出现了巨大的下滑。面对突如其来的困难，大家都在想方设法地调低预期。截至 2000 年 12 月中旬，整个美国的经济好像停滞了一般，再也动不得一分。著名经济学家斯科特·麦克尼利曾对经济有过这样的描述，他说："这边的灯都亮着呢！"而今，当卡莉看到美国的市场之后，也颇有感慨地说道："好像有人把所有的灯都熄灭了。"

2001 年 1 月，美联储突然下达了一个命令，将联邦基金利率下调 50 个基点，而且连调了两次。对于惠普来说，这像一场突如其来的暴风雨，而公司的经费也不得不在这场暴风雨中大幅度下降。实际上，华尔街没有哪一个人希望看到网络经济的下滑，因为大家在这场旋涡中尝到了甜头，赚了很多钱，自然也不想就此打住。不少资深的市场分析人员曾说过，科技股的振兴马上来临，所以美国股市将能实现新的突破。他们大胆预测，2001 年 6 月以后，股市不会变得如此低迷，元气也会慢慢恢复。

但硅谷的资深人士却认为，自从科技公司成立的 25 年以来，这次打击将会是有史以来规模最大也最致命的一次。全球性的经济危机，也将会一直持续 4 年。如果这样下去，到了 2004 年经济才有可能出现复苏。

在经济下滑、股市崩溃的冲击下，卡莉遇到了前所未有的挑战。

到了2001年初，卡莉又遇到了一个麻烦。原来客户一方面紧紧捂住自己的腰包，另一方面却在不少科技产品上投入大量的资金。然而他们的投资在很多时候都是错误的，其付出和回报也往往成不了正比。

2000年底，杰·凯沃斯向卡莉谈起了买下康柏的方案。他认为，就目前的形势看，惠普买下康柏是大势所趋，而且当时迪克·哈克伯恩也赞同了他的想法。不过，卡莉始终觉得，但凡收购一家如此规模的公司，都必须有精密的战略方案，不能草率了之。卡莉害怕杰·凯沃斯兴奋过头，见到任何人都透露收购的问题，到时候很容易出现巨大的麻烦，所以她不得不给杰·凯沃斯浇了一头冷水。实际上在此之前，卡莉曾经遇到过一次麻烦。当时惠普正打算收购普华永道商务咨询部，然而由于有人把他们谈判过程的信息卖给了媒体，所以他们才不得不按照市场价格收购。

那次的经历卡莉记忆犹新，她告诉自己，以后无论遇到怎样的情况，都不能再次公开谈判了。如果公司有大规模的收购计划，他们就得保证在几个月的时间里持续保持绝密的状态。其实早在一年前，卡莉就开始认真关注康柏了。

1999年12月，在召开的讨论分析会上，大家一致决定不再做单一产品，而是向着系统化的产品和服务迈进。而就在此时，卡莉惊讶地发现，原来康柏也采取了同样的措施。实际上，对于个人电脑业务来说，康柏和戴尔之间并没有多么大的差距。甚至在商用机市场上，卡莉自认为惠普不如康柏。

康柏的首席执行官叫迈克尔·卡佩拉斯。卡莉曾经在公司商务会谈上与他见过几次面，双方之间还谈了不少话题，迈克尔·卡佩拉斯当即表示，惠普与康柏有进一步合作的可能。但卡莉考虑到惠普当时的状况，便在心底下了一个决定。她认为收购康柏还需要从长计议，以惠普当时的情况来看根本实现不了收购。

2001年1月，卡莉出席董事会会议时，很郑重地告诉大家，如今的科技领域并不景气，再过一段时间很有可能出现寒冬。虽然困难重重，但她认为这也是一个很好的发展时机，她鼓励大家要抓住时机，遇到困难迎难而上。在战略决策上，她提出聘请麦肯锡顾问团队的想法。卡莉希望董事会能与顾问团队之间保持交流，进而找到解决问题的切入点，从而在打印业务、服务业务、电脑业务方面开展收购。与此同时，她也希望董事会能多多考虑公司的拆分计划。卡莉预测，过不了多长时间，康柏就会打电话过来。因此，在还没有等来他们的电话之前，她希望惠普能作好充分的准备，以便于随时应对突如其来的困难。

没过多久，迈克尔·卡佩拉斯给卡莉打了一个电话，并表示要与她当面详谈。当天下午，迈克尔带着康柏的首席技术官夏恩·罗比逊一起来到惠普。谈话期间，迈克尔、夏恩表现得都很随和，他们与卡莉之间探讨了很多有关产品研发的合作事宜。当彼此之间谈论得差不多时，迈克尔·卡佩拉斯突然告诉卡莉，他希望可以与她单独谈谈。

令卡莉很意外的是，迈克尔第一句话就开门见山地告诉她，他希望惠普能并购康柏。他还希望康柏的品牌能融入惠普的品牌之中，并将其设立为新公司的总部。如果两家公司能够合并，迈克尔希望卡莉担任新公司的首席执行官。对于这件事，卡莉也是很赞同的，只是她不知道康柏董事会的想法。让卡莉意外的是，当她询问迈克尔有关康柏董事会对这件事的看法时，他很肯定地告诉她，董事会那边一定会赞同他的看法。

从2001年1月开始，一直截止到2001年9月4号，惠普正式向公众宣布并购康柏的计划案。与此同时，卡莉与董事会也在积极开展三项工作。第一项工作是，惠普的董事会在细致缜密地考虑接下来到底应该采取怎样的工作步骤；第二项工作是，如果想保证整个并购计划顺利，就必须派遣惠普公司高层与康柏高层谈判，而在这群谈判的人中就包括卡莉；第三项工作是，为了迎接即将到来的并购，也为了熬过漫漫的熊市。卡莉认为，现在需要做好裁员和削减开支的工作。如果惠普一旦抓不住市场，出现类似别的公司一样的状况，就会造成巨大的损失。

不论是哪一个企业，也不管曾经创作了多么大的辉煌，面对不景气的市场都会选择裁员。大多人以为，像惠普这样的大公司是不存在裁员情况的。然而，如果惠普觉得没必要保留员工时，常常也会选择解雇员工。戴维曾经说过："如果你做不了这份工作，我就会找其他人代替你。"

所以，如果一个企业想追求进步，也想创造巨大的辉煌的话，就必须作好规划，也必须做一定的变革。当惠普面临严重的财务紧张局面时，董事会带领所有惠普高层积极召开会议，决定降低工资或是减少工时。实际上，很早之前卡莉曾经使用过这样的方法，但是对于提高生产效率和节省开支并没有起到什么作用，而且就目前来看，曾经的员工绩效评价标准也早已经失去了当初的作用。在惠普，一般员工的评价分为五类：上佳、优秀、满意、需要改进、不满意。如今看来，很少有员工处于"满意"档之下，大多数员工都属于前两档。

卡莉认为，这样的评价体系无外乎说明两点：第一点是员工所做的工作并不完美；第二点就是这套评价标准太宽松了，没有实用的价值。

卡莉在惠普工作的那段时间里，她一直想营造一种人人说实话的环境和氛围。实际上如果让每个人都能在一团和气的环境下说真话，并不是一件容易的事情。她尝试了很多种方法，希望员工能学会开诚布公的论辩和交流方式。也在一次又一次的会议上告诫他们，如果一个人想做一件大事，就必须和别人一起讨论。在此期间，有的人会出面反驳，也有的人会当面赞同。不过，出于反驳的人也许并非不同意他们的意见，他只是想把自己想说的话说出来而已。所以，卡莉为管理高层和员工做了很多思想工作，就是希望他们不要拘泥于任何阶层关系，若有想说的话就坦诚地说出来。

卡莉从小就喜欢和别人讨论，她总觉得一个人的意见是微不足道的，往往支撑不起生活和工作中的大事。从小她就喜欢在餐桌上与父亲展开唇枪舌剑的争论，再到长大后，她在加州海景区和公司管理团队激烈地争论不休。数十年来，卡莉不论是在餐桌还是会议桌上都弥漫着浓重的火药味。

卡莉在长时间的讨论中体会到，只有和别人展开一系列的争论，才能检验自己的决定有没有出现错误。尤其当公司面临重大的抉择时，更需要有一个缜密的部署。

这么多年来，卡莉每次开会总是摆出一副"盛气凌人"的模样。她喜欢在大家面前尽情地表露自己的观点，也希望在管理层会议上能收到不同人的提议。尽管有不少人说卡莉得理不饶人，也有人说她高高在上，独断专行。但认识和了解卡莉的人都很清楚，她很多时候的表现都是无心或无意的。

惠普的董事会成员工资都很高，他们在整个公司也都有很大的威望。但是，每当进行会议大讨论时，董事会成员往往不能很好地表达自己的观点，所以，一场会议下来大家会讨论得很累。不过，当大家要对某个艰难的问题做出决定时，卡莉便会将整个会议的讨论结果划分出来。她习惯性地划分成两个方面：一个是大家趋同的观点，另外一个就是出现分歧的观点。

当整个会议结束的时候，卡莉往往希望大家做一次会议总结。总结的方式多种多样，有时候会用书面的方式记录下来，有时候则用电脑录入，或是写在会议室的书写板上。卡莉认为，保证会议的准确无误很重要，因为若开展一个决定或行动，大家得不到完整的信息就容易出现错误，甚至出现意见分歧。

卡莉喜欢有想法有主见的人，不论是董事会的成员还是公司的员工，但凡对公司有很好创建性的想法，她都无一例外地认真分析，最终作出裁定。她给了大家足够的发言权，也希望每一个人都能认真聆听会议内容。卡莉认为，只有让所有拥有决策权的人不再保持沉默，才能给惠普创造更大的辉煌。

2001年夏天，一个令人头疼的问题一直困扰着卡莉。她不知道到底要裁减多少工人，也不知道裁减后会对惠普的工作造成怎样的影响。事实上，在2001年春季刚过时，卡莉就和董事会的人商定好了裁员的计划。到了8月份，他们一共裁员6000人。除了设定裁员制度之外，惠普也积极开展了员工提前退休的计划。但是提前退休和裁员并不一样，因为裁员是对组织严格的考验，也是对员工一个极大的打击。

在2001年的夏天，卡莉还不知道能否与康柏合并，很多问题就这样扑面而来。在惠普成立的60多年里，公司从未出现过亏损。卡莉不想成为第一个让公司亏损的首席执行官，因此遇到问题时，她必须比任何一个人都要冷静。

卡莉每次裁减员工时总会做好充分的准备，她认为员工的自尊心一定要受到保护，不能给他们一封辞职信就将其踹得远远的。相反，应该给员工留够充分的时间，并帮助他们找到离开公司后的另一份工作。

卡莉为了达到既可以高效地裁减员工，又能充分尊重员工的目的，她请来了一个公司帮忙，给惠普公司的所有经理人上培训课。培训课所涉及的内容主要是，如何面对将要裁减的雇员，以及雇员被裁减后怎样给他们提供无私的咨询平台和再就业援助。当员工确定被裁减后，卡莉还让公司给他们丰厚的补偿金，甚至比安捷伦公司提供的还要高，所以，尽管很多员工丢掉了工作，但他们依然经常给卡莉发电子邮件，并感谢她给他们提供的大量帮助。

卡莉有一个响亮的绰号，叫"杀人女魔头卡莉"。大家之所以给她起这个绰号，主要在于卡莉下达了减员计划和并购康柏的计划。有的时候，卡莉可能留给经理人的时间不足，他们没有来得及考虑要裁减哪些人，就在卡莉"紧迫时间"的压制下匆匆作了决定。有的时候可能是卡莉低估了员工升职的可能，进而作出了差强人意的决定。也有的时候可能是她过于追求工作效率，反而丧失了民主的决断。

当卡莉确定要并购康柏时，戴维和比尔的儿子很坚决地反对起来。他们觉得卡莉宁可冒着丢掉工作的危险来做这个计划，很显然没有把他们父亲的基业捍卫好。与此同时，有的人提出要解雇卡莉，认为她没有能力控制裁员和削减必要的开支。

2001年夏天，惠普管理层召开了一场声势浩大的例行扩大会议。这场会议的主要目的是为了讨论公司未来的战略发展。实际上大家都很明白，惠普在个人电脑领域和工业标准服务业上都没有优势，就连在采购量上也不够多。因此，惠普在进行谈判时往往会处于劣势，甚至比不上戴尔和康柏。不过，卡莉从没有因为这些困难就此放弃，她在会议的最后大声疾呼，告诉那些心神不宁的人，如今社会上任何行业的竞争都是残酷的，但越是残酷就越应该努力成为强者。面对如今复杂的局面，她希望大家团结起来，也希望更多的盟友加盟进来。

2001年5月，惠普又召开了一次会议。这次会议主要讨论的是惠普分割计划和大规模收购计划。董事会一致决定，暂时不把惠普分成经营电脑业务和图像业务的两家公司。另外，董事会还想大量收购电脑科技领域的公司和企业。对于收购康柏来说，只不过是当时可以实行选择战略的一种。

2001年8月，沃尔特·休利特产生了一个疑问，他觉得如今的惠普变得越来越大，这并不是一件好事，因为公司越大，也就无法实现新的增长。为了验证这个想法，卡莉特意请来了银行家进行论证分析。在历经一段时间的测试后，卡莉得出一个结论：如果不去考虑数字经济发展迅猛的那段时间，对于电气和IBM这样的大公司来说，它们表现出来的优势往往比小公司要强很多，原因就在于，大公司拥有各方面的资源，而且大公司的势力分布全球各地。所以不论市场出现怎样的波动，它们都可以坚韧不拔地抵抗住迎面而来的困难。

当卡莉把这份报告交给沃尔特·休利特时，他兴奋极了竟笑得合不拢嘴。后来，他的疑虑也消失了，在以后的董事会议中，沃尔特·休利特永远是最沉默，也是从不会缺席的董事会成员的之一。

在工作的那几个月里，卡莉最忧心忡忡的事情就是执行问题。两家公司完成并购本是一件让人开心又让人难过的事情。至于开心，主要在于并购后两家公司的产品种类会越来越丰富，规模增大后经济效益也会自然而然地显现出来。卡莉认为，等到并购后的新公司发展强大了，也就有资本和更大的公司进行谈判交流。尤其像微软和英特尔，在全球范围内都有庞大的影响力，与他们进行长期的合作能帮惠普迅速提升品牌效应。至于难过，主要因为并购并不是一件容易的事情，要想把两家思想和管理不一样的公司拼接在一起，的确有很大的难度。

5月份，卡莉开始准备整个整合计划。因为整合过程中需要注意到各种细节，所以计划的制定也必须考虑全面，不能马虎大意。

卡莉很自信地认为，7月份她能把两家公司整合好，至于细节的雕刻，则在以后工作中慢慢逐一细化。实际上，这类大规模的整合在美国科技界是史无前例的，卡莉在紧绷神经的同时，也隐隐感觉到自豪。

虽然科技业不曾有并购整合的案例，但在医学、能源、航空和电信等领域却有大量相关的案例。卡莉带领大家多多学习经验，并将有用的措施及时应用到新公司当中来。实际上，康柏曾经收购过Tandem公司和美国数字设备公司，所以康柏既拥有丰富的经验，也从中吸纳了很多有用的信息。

2001年的夏天，华尔街有很多人进行商业分析，但是没有一个人谈到行业结果的重组问题。实际上，这个行业的发展速度迅猛，是整个GDP增长速度的5倍。卡莉当时曾表达过自己的观点，她认为这个行业的最终发展将会走向整合，而增长速度也会变成GDP的2倍。可是，当时没有人赞同她的意见，甚至觉得卡莉只是给不景气的市场找借口而已。

8月，卡莉和康柏的董事在纽约见了面。当康柏的董事们听到银行家说如果交易能够顺利完成，股市就会发生逆转，从而飞速上涨时。卡莉则告诉他们，如果谈成的话，惠普的董事会会考虑这个问题，她还向康柏的董事们诉说了惠普董事会对战略和执行方面的考虑。虽然很多康柏的董事想极力促成这项合作，但卡莉始终保持着清醒的头脑，她不想让市场的表现给她浇冷水。所以在当时的情况之下，她唯一要做的就是说明白自己的观点。

当年仲夏，卡莉很明确地告诉董事会的成员们，她认为如果收购康柏的话，最难对付的人就是迈克尔。鲍勃·韦曼和顾问拉里·桑希尼也很直接地说，迈克尔就是问题的制造者。面对这项困难的工作，董事会在讨论此一问题时花了很长的时间。

卡莉从康柏那里了解到，虽然大家都很厌烦迈克尔，也知道他喜怒无常，有时说话很粗鲁也很伤人，但是大家在长期的工作中都已经习惯了他的做法，所以对于迈克尔早已见怪不怪了。

在这个问题上卡莉思索了很久，最后她在7月底表明了态度。她认为必须要收购康柏，而且要有很好的技巧和旺盛的精力。与此同时，还应该充满执着，充满信心。

当决定出台后，卡莉其实很舒心。她终于不用再为这件事费心费力了，而且要做就应该做得很好。她在心中告诉自己，在康柏公司被收购后将会遇到越来越多的困难，既然她选择了未来的命运，无论前方路上布满多少荆棘她都会义无反顾地走下去。

斗争：暴风骤雨中的一盏明灯

2001年9月4日，一个重大的新闻横空出世，惠普向世人公布了他们收购康柏的计划。然而就在9月3号的晚上，有人提前将这个消息卖给了《纽约时报》。卡莉认为，也许这个人想为收购之事尽一份力量。然而，事情的发展并没有想象中那么美好。实际上，市场上很多人都憎恨这笔交易。

新闻发布会当天，卡莉和迈克尔·卡佩拉斯分别发了言。他们两个对公司的未来作了美好的畅想，也对相互之间的合作充满了期待。但无可否认的是，他们也要推行行之有效的裁员计划。当从新闻发布会现场离开后，卡莉感受到了前所未有的释然，她觉得胸中的压抑终于可以发泄出来了。在之前的9个月里，他们一直保持着紧绷的状态，有很多想法和意见只能让内部的人知道。但是到了今天，卡莉再也不用缩头缩脑了，因为一切都已经公之于众了。

不过，迈克尔·卡佩拉斯似乎看起来并没有那么开心。他刚开完新闻发布会，就立马投入到股价的查询中。卡莉早就想到了，两个公司合并以后股价肯定大跌。但迈克尔不这么认为，他总觉得与惠普合并后，康柏的股价会飞速上涨。他自认为自己多么了不起，为了大家的利益，宁可牺牲一人之下万人之上的地位。可现实并非如此，这也让迈克尔不得不考虑他的决断到底正确与否。

在新闻发布会刚刚结束的那天，卡莉和迈克尔与惠普的4名销售人员见了面。他们见到卡莉之后立马就兴奋起来，很开心地对她说，这一次的兼并是一个天大的好消息，他们也在为这件事开心。起先，卡莉并不知道他们说这话的意思。但之后才了解到，原来当收购了康柏之后，销售人员就可以自信满满地告诉客户，他们的势力有多强大，信誉度有多高。卡莉也为这件事开心，她告诉4名销售人员，希望他们可以把这种精神和好消息传达下去，让更多的人了解，也让更多的人加入进来。

卡莉一开始就已经知道，让大家接受惠普与康柏的合并是一件很难的事情，然而，无论多么困难，她都希望果断地走下去。可就在刚刚宣布合并的一个星期后，震惊世界的"9·11"发生了。这件事情的发生让整个美国的市场陷入空前的瘫痪状态，而且没过多久安然公司也倒塌了。一时间，悲观的情绪和恐怖的思潮迅速蔓延过来，所有人都感到了从未有过的担心、从未有过的害怕。

虽然美国的市场局面出现了不利，但在投资家、客户以及员工的不懈努力之下，惠普与康柏前后进行了五六个星期的沟通，而且也开了好几场会议，好在大家都很努力，所以两家公司也取得了实质性的成功，很快，两家的股票得到了回升。

令卡莉没想到的是，一件极坏的事情还是发生了。有一天中午，卡莉接到了沃尔特·休利特打过来的电话。在电话那头，她听到了冷漠又严肃的声音。沃尔特·休利特很气愤地告诉卡莉，他反对惠普收购康柏，并且会以股东的身份对并购案提出反对票。卡莉没想到他会这么做，因为之前他从未打过一个电话。之后，卡莉本想约他出来单独谈谈，却被他一口回决了。

接到电话的半个小时后，沃尔特·休利特就将这个消息公之于众了。不过，大家对这件事似乎反响平平，并没有太大在意。但沃尔特·

休利特并不罢休,他又开始拉拢董事会的成员,希望大家可以与他站在统一战线。然而,沃尔特·休利特没有考虑到的是,董事会做事一向缜密和果断,如果他们一起作了决定并认为那个决定是对的,就不会轻而易举地放弃。况且,惠普花了很大一笔钱来推行并购案,如果一旦放弃,就会损失很大一笔钱。

卡莉很清楚,沃尔特·休利特之所以有这样的想法,主要是因为他和银行家以及律师们暗中勾结。他们并不管放弃并购会带来怎样的后果,也从不过问如果反对成功,两家公司该如何处之。因为在他们眼中,自己的利益永远是至上的。

卡莉认为,他们一定会串通一气召开全体股东投票大会,只不过时间仍未可知。但是,一旦他们成功了,就会获得几百万美元的进账。即便日后失败了,也能从中拿到丰厚的酬劳。

渐渐地,不少人开始诋毁卡莉。他们以卡莉一手栽培起董事会一说而对她大肆辱骂,但却没有人注意到,除了一位董事会成员之外,其他的董事来惠普的时间都比卡莉早。

2001年的秋天,惠普的董事会经过协商考虑,要对两家公司的高管留任金和离职金进行分配。然而,这么机密的信息,还是被沃尔特·休利特的军师们拿走了。他们仿佛如获珍宝,将信息很快透露给了媒体。一向乐于挖掘新闻的媒体记者从材料中了解到,留任金和离职金中存在首席执行官大量敛财的证据。

直到有一天,迈克尔突然很生气地拨通了卡莉的电话,开头就是一阵大吼,问她为什么拒绝领留任金。卡莉很委婉地告诉他,康柏刚和惠普签约,她不想让别人误会她推动两公司签约的动机。在这个节骨眼上,卡莉只想小心谨慎地工作,生怕遇到任何风吹草动。

卡莉从迈克尔那里了解到，他为了这件事竟然给4个人打过电话。他一向脾气暴躁且出言不逊，如果因为此事引起巨大的祸端，将会给两家公司带来不少麻烦。不过，在卡莉的一再劝说下，他同意不再给别人打电话，而且也拒绝领取自己的那一份留任金。

2001年12月7日（星期五），卡莉从苏珊·帕卡德那里听到了一个很坏的消息。原来，帕卡德基金会和它的家族经过反复商议最终作下一个决定，他们要反对公司的合并方案，而且他们对自己的判断能力毫无怀疑。当卡莉很难过地告诉苏珊，惠普的员工一定会伤心时，苏珊却不咸不淡地回应，他们从来不担心员工的问题，因为自始至终员工都是支持他们的。这个消息好像晴天霹雳，让有点自信的卡莉开始陷入惶恐中。她从未想到，原来现在遇到的困难竟然如此大，让她有点措手不及。

在经过一段时间的挣扎之后，卡莉马上给迈克尔打了电话，告诉他刚才发生的一切。紧接着，卡莉又组织董事会成员开了一次电话会议。那天晚上，卡莉没有闲下来，一直紧绷着神经开会。

在会议上，卡莉让董事会成员尽可能地发表自己的意见。因为这件事太严重了，她不想草率了之。大家展开了激烈又紧张的讨论，将放弃合并和坚持合并的后果做了细致的分析。会议的最后，卡莉很诚恳地问他们，接下来到底应该怎么办。没想到，董事们的答案竟然出奇地一致。他们认为，既然已经确定了合并，即便前途很艰难，也应该义无反顾地走下去。而这个答案也是卡莉想要的，她在心中默默告诉自己，只有勇往直前才能取得最后的胜利。

股东投票战从没有公平而言，卡莉认为那是"令人沮丧又肮脏的斗争"。在惠普召开的特别股东大会上，卡莉亲眼看到了她最不愿看到的一切。当天会议杂乱不堪，台下坐着一群身穿绿色衣服的反对者。

尤其当卡莉走上讲台演讲时，叫骂声和唏嘘声好像海浪一样朝她拍打过来。不过，她从没有被突如其来的惊吓震慑住，反而以高昂的姿态积极应对提问。投票的结果和卡莉的预料完全一致，最终他们取得了胜利。虽然与反对者的票数差距不大，但对于他们来说已经知足了。

当天下午，萨姆·金尼找到了卡莉，他提出的第一个想法就是让沃尔特·休利特重返董事会。然而不少董事对这件事并不赞同，因为他们不知道以后将以何种方式相信他。况且，沃尔特·休利特在董事会时也不曾作过太大的贡献，如今又把董事会的重要谈话卖给了媒体。他的做法，令大家十分反感，如果让他重返董事会，必然会引来大家强烈的不满。不过，一向大度宽容的卡莉却很赞同地告诉大家，如果沃尔特·休利特能改正错误，跟着董事会一起往前看，就没有任何问题了。

可是造化弄人，正当卡莉准备和大家公布将沃尔特·休利特拉进董事会时，一个广播又让她收回了决定。原来，沃尔特·休利特打算起诉卡莉，而且还找了两个很荒唐的理由。

第一个理由是，他拥有卡莉与一位投资家见面时的演讲稿。另外一个理由是，他从公司整合报告中抽出一页信息，从这页信息上可以很清楚地看到惠普利润目标和公司运营目标存在的差距。

在整个案件的审理过程中，上次股东大会投票的确认工作也在紧锣密鼓地进行。沃尔特·休利特的团队很认真地检查每一张选票，生怕漏掉任何一个能够抓住他们把柄的机会。除此之外，在他们拖延时间的同时，还让律师组作好收集惠普更多遗漏信息的准备。

卡莉在法庭上待了整整两天，沃尔特·休利特的军囊团认为，卡莉所做的一切充满了欺骗和谎言。事实上，当年很多公司的丑闻都曾被媒体曝过光。面对一系列公司腐败的情况，媒体对惠普也不会手下留情。如果这些报道从法庭流传出去，很有可能会影响到公司股票的行情。

实际上，当卡莉第一天坐到被告席的位置上时，她的心情就没那么失落了。她很耐心，而且也充满了恭敬。但随着时间的拉长卡莉才了解到，原来到目前为止很多人都不知道公司到底是怎样运作的，他们自然也不知道设定目标就是为了在公司运作中确定重点的同时也提高绩效。

如此说来，这一群人的起诉纯属子虚乌有。如果不是因为金钱的引诱，沃尔特·休利特的军囊团绝不会没有来由地瞎搞。他们都想抱着几百万美元回家睡大觉，殊不知不是自己应得的钱，永远也不会有价值。

沃尔特·休利特军囊团举证卡莉的演讲稿其实就是她在针对公司合并问题上进行辩护的稿子，没想到他们通过阴险的手段将稿件顺理成章地拿到手中。这份演讲稿的时间是2002年2月4日，在当时很多人并不看好卡莉，他们觉得卡莉不可能取得多数股东的赞同，至于合并一事更是无稽之谈。

演讲稿的部分内容如下：

自从去年9月宣布与康柏合并的消息后，我们遭遇了各种阻力，那么我们为什么对这一合并依然坚定不移呢？……我们都知道科技界正处于转型期，我们进入了这样一个（科技）时代，所有的地域和疆界都打破了，一切都在互相影响，这种影响无处不在，无时不在……单一的产品时代已经过去了……因特网在改变着一切……数字经济的泡沫可能破碎了，但是因特网对于商业和人们生活的影响却是无法消弭的。

差不多3年前，我们在惠普开始了改革，保留了惠普最好的那一部分潜质，并对其他部门进行再造……尽管这很重要，但是改组和调整中心并非我们的终极目标，目的都是为了让惠普在市场上成为旗舰而打基础。我们意识到，目前要在市场上成为领头羊，必须使自身规规模到一定程度，能够在全球大展拳脚，能成为行业标准的制定者，还能够吸引到商业伙伴。我们发现惠普需要在一些规模不断扩大的市场上取得更大的份额，包括网络存储设备、Windows 和 Linux 服务器、在服务和支持业务以及新设备和新市场等等。要想取得领导地位，全公司上下需要一种更先进、利润更好而且更加平衡的运营模式，正如两位创始人经常说的那样，盈利能力是我们不裁员、在企业研发和创新上投资并为社会作出贡献的基础。我们也明白，要想成为行业的领袖，我们必须认识到，行业标准提高、资源开放的社会以及整合化的趋势是不可逆转的潮流。这一趋势之所以不可逆转是因为客户在信息科技产品上每多花一美元，都希望得到最大的回报，使自身企业更富有灵活性，能够更及时地捕捉市场讯号，并具有在全世界部署网点的能力。我们要么引导这一潮流，要么就被这席卷而来的大潮流淹没。

首先，在计算机业务方面，极为重要的一点就是我们在行业通讯的三个系统 UNIX、NT 和 Linux 上都能取得成功……还有我们的服务和支持部门……我们不比任何人笨，可以和他们展开竞争，但是我们的规模却不够大……一直以来，图像和打印机业务在惠普全公司的总利润中占据了太大的比重，我们必须在这两个领域中进行投资，使之成为行业的领跑者，这就意味着公司的其他部门需要赚到能进行自我更新的足够利润……我们也曾经考虑过仅仅从事图像和打印机业务的可能性，不过它可能带来的结果让人无法接受。持续的增长……和盈利能力要去我们抓住更多崭新的机遇……这就是要求我们把服务器、储存设备、网络化管理软件和专业服务都做强。

对于个人电脑业务，我们有几种可选方案。我们可以干脆停止经营这块业务，但这会给我们的图像和打印机业务带来重创，而且也意味着要进行大幅度裁员。我们也可以把惠普的个人电脑业务分离出去成立一家新公司……但是我们的电脑业务独木难支，难以生存下去，也难以给股东创造足够多的利润。或者我们可以通过扩大规模和提升配送能力的方式把它做强。

惠普的员工是惠普传统的继承人，我们可以做得很好并实现很高的目标，而不是像目前一样分崩离析。我们有很多差距要去弥补，同时我们也有很多优势……正如戴维·帕卡德在《惠普之道》一书中所说的那样，他不会忘记"持续的增长对我们是至关重要的，因为只有这样我们才能实现自己的目标并保持竞争优势。因为我们是在变幻莫测的高科技领域厮杀，故步自封只能丧失阵地"。

现在，一些批评人士认为大并不等于一定就强。我同意这一观点，但是这也不能证明大就一定不强，尤其是我们身处这样一个整合的行业之中……

这些整合并不是我一个人想出来确保惠普未来的最佳策略，这是惠普高层的集体智慧结晶，他们用过去几年的时间来考虑这次合并计划……他们在开会提出这一方案时，也有人提出尖锐的问题……他们也考虑过其他方案……诚然，我们董事会里有一个人持反对意见，我很遗憾沃尔特·休利特反对这一合并计划。沃尔特·休利特人很好，也很有风度。他有权表示反对，但是我们也一样有权反对他。

老实说，我们所面临的问题并不是敌对阵营对合并说了"不"，而在于我们无法对他们的反对声说"是"，因为他们对我们所面临的问题没有提出任何解决方案……我们花了两年半时间计划、考虑并制定战略，有人想仅仅说"不"就让我们放弃……他们想要后退再重新来过……我们肯定会损失时间……这是我们永远也拿不回的东西……

只会说"不"而无法指引众人前进的方向，等于让所有惠普人丢弃远大的理想，安于现状而不思进取。惠普人不想枕着昨日的花环睡大觉，而是想让明天变得更加美好……这就像逆水行舟不进则退的选择问题，也是究竟要领着别人走还是被人领着走的选择问题。

曾几何时，在计算机技术刚刚萌芽的时候，格蕾丝·穆勒·霍普说过的一番话至今还振聋发聩。格蕾丝·穆勒·霍普不仅是美国早期的女性软件工程师之一，还是一位海军少将。有一天，有人问她为什么喜欢乘坐舰艇出海执行任务，而不是安安稳稳地待在军港里。她回答道："军港里的军舰是很安全，但是军舰造出来原本就不是让它待在军港里的。"

惠普也可以躲在自己的军港里，任由海上波涛汹涌也怡然自得。在万舸争先的竞赛中，惠普也可以在风平浪静的海域沉锚，静享那份安逸。但是，当初创立惠普并不是为了这个目的呀！（节选自《勇敢抉择·卡莉·奥菲莉娜自传》）

股东投票战虽然过程惊险，但卡莉还是顺利地挺了过来。几个月后，大家很诧异地问她，到底是怎样的准备，才使得她打赢了这一场战争。卡莉笑着告诉他们，实际上正是没有准备才赢得了这场胜利，因为在此之前她都已经具备了稳操胜券的所有信息。

卡莉始终坚信，只要一个人有着坚定的目标，有着不屈不挠的决心。无论历经多少时日，都可以在未来闯出一片天地。而她之所以成功，也正是源自于进步的力量，源自于变革的信心。

整合：大踏步，向前走

从2001年9月4日到2002年5月6日，卡莉用了一年的时间终于完成了两个公司的合并。而且不久之后，新公司的股票在纽约股票交易所上市。

卡莉每天都生活在忙碌之中，有的时候一天能够参加8到10个会议，有的时候没有时间吃饭，便在路上随便吃点东西充饥。尽管如此，她依然乐此不疲地往返奔波，为了会见客户，为了新研发的产品操心劳力。

卡莉对公司整合问题看得很重，她认为在这方面投入大量的时间和人手是应该的。而且整合需要关注很多的细节，如果有哪里没有考虑到位，就有可能酿成不必要的祸端。迈克尔·卡佩拉斯并不这么认为，在他的世界里卡莉就是在做无用功，甚至在浪费时间。

不过无可否认的是，康柏和惠普的合并是有史以来最成功的一次并购案。因为他们成功完成了目标，而且节省了35亿美元的成本。要知道当时在法庭上不少反对并购案的人指出，卡莉所定的25亿美元成本明显是在谎报数字。而今看来，她的英明领导没有一丝一毫的错误。

没过多久，卡莉专门成立了一个工作小组，主要负责康柏和惠普的并购案。她投入了巨大的精力，也吸引越来越多的员工加入进来。到了最后，有2000多个员工加入到了这个队伍中。他们在这项工作中花费了大量的时间，总投入达100万小时。然而，他们一直处于摸索阶段，因为整个并购案并没有太多成功案例供他们参考。康柏和惠普的并购案实际上是信息科技界最大的一次，所以卡莉把研究的目标完全放在了不太成功的，或是小型的并购案中。

当并购刚开始时，卡莉从客户那里听到了一些规劝。他们很委婉地告诉卡莉，并购是惠普和康柏两个公司的事情，和任何一个客户都没有关系。卡莉很清楚，客户的意思正是要告诉她，平时一定要把握好尺度，除了处理本公司的事情之外，也要多为客户考虑。一个公司的存在就是为了客户服务，也只有客户出钱他们才能维持正常运作。所以，卡莉与员工强调的第一个原则就是"客户是上帝"。

她从不打扰为客户服务的员工，也从不让员工以兼职的形式加入到整合工作中来。为了尽可能地满足客户，他们经常会问客户，到底什么样的商品在市场上最受欢迎？如果客户要与公司合作，他们最想与哪些人沟通交流？实际上，这些问题很有用，但对客户来说仿佛是不大的事情。因为客户最关心的不是这些，而是康柏和惠普并购后所涌现的各种问题。

"留下好传统，大胆往前走"是卡莉坚持的第二项原则。在卡莉看来，这项原则有十分重要的作用，因为它可以让公司的发展更具有精华性。当然，并非设计新的产品或者有创意的工作流程才能使用于本原则。如果公司曾经有很好的资源，对于今后的发展也有极大的帮助，就应该顺理成章地保留下来。卡莉认为，去其糟粕，留其精华，才是目前来说惠普和康柏都应该重视的问题。

2001年夏天，卡莉和公司的所有高层经过缜密商议，决定制定第一个价值创造计划方案。实际上，价值创造计划对整个公司来说有很重大的意义，它能带动公司产量和质量的飞速发展，也能够让员工找到一条适合自己的工作道路。卡莉的任务艰巨，她除了要负责整个团队的建设之外，还肩负着挖掘此类领域项目的责任。在一段时间的磨合下，卡莉把运营回顾报告中的主要内容设定为整合方案记录手册里的信息。为了让大家积极加入进来，她还将员工和高管的奖金也一并规划进来。

公司的发展目标一直是卡莉最关注的事情，自从两家公司合并以来，她就深深陷入公司短期目标和长期目标的制定过程当中。目前来说，卡莉最先看重的是短期目标，因为刚合并的公司有很多问题要解决，而一步一个脚印地走，才有利于避免错误。当然，她对于长期目标的规划也没有松懈，从一天的计划，到一个月的计划，甚至到一年两年的计划，她都有细密的部署。卡莉认为，如果一个计划制定了，就不能轻易地变动。也只有这样，大家才能在今后的工作中发挥出绝佳的水平。

在公司的整合流程上，卡莉率先突破性地利用纵向结构和横向流程的方式进行变革。在计划安排上，不论是横向流程还是纵向结构，她都设定了严格的目标、评价体系还有时间表。

除此之外，卡莉也开始放开权限，让每个项目组的负责人积极组织召开本组的例行管理大会。如果发现了平时工作中存在的疑惑点和错误点，就要随时做好纠正和改错。与此同时，卡莉还要他们做好会议记录，方便以后工作的开展。卡莉给大家设定了一个指挥链，要求管理层的人牢记住自己的职责。她希望大家不论做什么工作都应该迅速麻利，不能拖拉，更不能推三阻四。如果公司出现的某个问题大家都没有办法解决，一直上报到管理委员会也无法裁断，卡莉会选择和其他公司高管一块商议化解。若是一直无法达成共识，她才考虑自己作最后的决定。

惠普和康柏一直在科技领域处于领先地位,而先进的科技也帮两家公司赚取了丰厚的利润。不久之后,他们创建了"电子办公室",就是想把全世界各地的员工聚集起来,让他们体会到团队合作的巨大价值。

随后的日子里,员工们都开始寻找自己的位置。在一个偌大又瞬息万变的跨国公司里,他们必须清晰地认识到将来面临的新的局面。若内心不够强大,或随波逐流,没有既定的目标和计划。在不久的公司大裁员中,这些人将会面临失业的风险。因此,在惠普和康柏合并的日子里,大家从没有放下一颗悬着的心。他们害怕哪一天公司大变动,自己将无所安身。

当然,新公司合并也让卡莉看到了新的曙光。如果过去的惠普曾创造了巨大的价值,那合并之后的惠普和康柏将成为一个更大更优秀的公司。他们特地为这样一个公司创立了一个新的名词,叫"文化审慎分析"。为了了解全世界各地两家公司的经营情况,他们分析了全球22个国家的138个团队,面对面访问了大约100位主管,员工更是高达2000名。

卡莉在大容量的分析报告中得知了一个让他们很意外的消息。原来,两家公司的文化并非相似相近,反而有不少地方存在着明显的差别。卡莉通过严格筛选,又对多个问题进行整合,最后得出10个显著的区别。

针对惠普和康柏公司文化的差异,卡莉并没有让人做成书面报告,而是选择以最贴近人心,也最具有亲和力的谈话形式作为切入点。她倡导公司员工之间多进行交流,也倡导一个决定的实施要综合多种因素。因为如果一步考虑失策,就有可能酿成不可避免的错误。

实际上，两个公司除了有较大的文化差异之外，在价值观上却没有区别，甚至有惊人的相似性。不论是惠普还是康柏，双方的员工心中都有一个不可更改的价值观。若碰到没有公司明文规定，或者是公司的领导不在，他们无法咨询的事情时。员工的心中就需要产生一定的行动准则，而这个行动准则的意义和作用，恰恰是两家公司的核心价值观。

卡莉经过深入的了解后得知，惠普和康柏共同一致的价值观就是：信任、尊重、诚信、对客户充满激情、团队合作、创新以及贡献。不过，康柏还多出一条来，就是强调速度和灵活性。

卡莉认为，若公司中某个员工曾经做过一件极不应该做的事情而犯下了比较严重的错误，那么他的主管就不应该再犯类似的错误。因为知错犯错，将是公司最大的忌讳。当初卡莉很欣赏一位年轻的高管，他原是康柏的高层，后来进入了惠普新组建的管理团队中做了高管。如若他没有犯下错误，将会有一个前程似锦的未来，也会取得人生中最大的成就。然而，这位年轻的高管不仅没有意识到这一点，反而滥用职权和公司资源发展私人关系。后来，卡莉极不情愿地将他解雇了，因为在公司的原则和价值观面前，她没有任何可以回旋的余地。

卡莉说，作出这个决定的时候是她第一次也是唯一一次在董事会上落泪。她很伤心，但也知道这个决定是正确的。

第十章

**权力交锋
从商界到政坛**

口号：一切皆有可能

2002年5月6日，一个交易代码为HPQ的新公司股票进入公众的视野。所有人都在纽约股票交易所看到了它的名字，也知道了上市的重要信息。实际上，当惠普创始人家族看到交易代码是HPQ而不是HWP时，他们心里的气愤是不言而喻的。因为HWP才是惠普的股票交易代码，卡莉这样做的目的明显是要将惠普改造成为另外一个属于她的公司。

然而，他们却从不知道康柏的原代码是CPQ，HPQ只是将HWP和CPQ进行了整合。所以它代表两家公司是一个集合体，也代表着两家公司呼吸着共同的空气，掌握着共同的命运。

5月9日，卡莉再次来到股东投票大会的大厅。她要向全世界各地的分部进行直播，也要向所有新公司的员工大声呐喊。不论别人发出怎样的唏嘘声，她都会将"相信你能改变世界"作为惠普"车库守则"的第一条准则。与此同时，她也把"相信同心协力我们将无往而不胜"当成"车库守则"的最后一条。

每当卡莉想起曾经的唏嘘声，想起大家反对两公司合并，想起那么多人为之下了赌注，她的心里就像被披上一层白纱，遮盖住了她对未来的无限憧憬和欣喜。不过卡莉最终还是突破了囚笼，站在更高的位置告诉那些反对者们，一切皆有可能。

在飞速发展的21世纪，卡莉曾到过很多国家，也在不少国家作过演讲。在卡莉的记忆中，中国是一个让人难忘的国家，她也来过很多次。有一次她收到清华大学的邀请函，去北京做演讲。实际上在临行前卡莉就了解到，清华大学有着悠久的历史，也曾为国家培养了很多优秀的领导人才。

令卡莉没想到的是，清华大学的学生英语普遍都很好，可以用英语提问。在进行提问阶段时，一个年轻的女士向她提问了怎样调节家庭和工作的关系的问题，另外一个男同学则问她考大学时选了不喜欢的专业，自己想换专业可父母不赞同应该怎么办。

男同学还举例说，卡莉曾经从法学院中途退学，而后从事了自己喜欢的职业。他很羡慕卡莉，并称赞她，作这样的决定并不容易，而坚持下来的基本都是勇敢且具有前瞻目标的人。

卡莉听到他的提问觉得很有意思，就笑着对他说："你想回家跟父母说卡莉·奥菲莉娜告诉我可以换专业吗？"

卡莉的回答精明而又简约，台下的人都报以热烈的掌声。其实这个问题她早在美国校园里就曾听到了，不过卡莉并没有明确地告诉他们应该怎样做。因为卡莉认为，自己作的决定就应该自己走下去，若别人可以横加阻拦，帮自己作正确的决定，也就不是自己的人生了。

随着 21 世纪信息技术的蓬勃发展，科技改变了原本信息私有化的局面，正朝着资源共享、信息共享的方向迈进。在不胜枚举的千千万万的变化中，卡莉带领着惠普给人们创造了越来越大的自由空间。21 世纪是一个数字化、移动化、虚拟化和个性化的时代，个人已经成为信息的主宰，每个人都享有最大化的发言权。

卡莉认为，在这个变化无穷的时代中，每个人都有自己有待开发的潜能。只不过有些潜能有时未被及时发现，所以迟迟不能有所改变。等到他享受到科技带来的便利，又能和别人相互配合，一起利用好这个时代的资源的话,他的潜能就会在第一时间被释放,而且会取得很大的成就。

在印度曾有一个落后的村庄,名叫库帕姆。这个村庄知识匮乏,技术落后。半数以上的人家没有生活用电,而且三分之一的人都是文盲。惠普的员工为了帮助他们,专门设计了一款利用太阳能的数码相机和打印机。这两种机器很便利,可以随意放在背包里,方便携带。后来,惠普又开设培训班,特意培训了撒拉斯瓦提、高瓦莉以及其他8位女性。

没过多久,她们成了村里知名的摄影师。当地村民很喜欢拍照,她们就收取廉价的费用帮助村民拍照,从中赚到了人生中第一笔丰厚的钱财。

除了印度之外,南非也是惠普重点关照的对象。卡莉曾帮助过南非一个名叫"摩哥拉科维那"的村子。在这个贫穷的村庄里,大多数人家里都用不上自来水和电力。不过,他们却在惠普投资建设的图书馆、诊所、学校享受科技带来的改变。一边是贫穷带来的落后,一边是科技带来的希望,他们仿佛拥有了两个世界。

卡莉就在这时认识了萨里·乔治·密辛加。他很年轻,也很能吃苦。开始时,惠普员工雇佣他搬运设备到社区。面对先进又新奇的玩意,他一下来了兴趣,并且追着惠普员工请教各种器材的利用方式。就这样仅仅用了一年的时间,他就在自己的努力之下,成功当上了一名技术专家。

在某天的演讲中,卡莉向所有听众介绍了萨里,并且也将他推荐给了南非的总统塔博·姆贝基。塔博·姆贝基听了卡莉的引荐后,对萨里产生了浓厚的兴趣,他让萨里到台上讲几句话。也就在那时,塔博·姆贝基第一次见到萨里,并许诺一定送他上大学。

惠普和康柏并购后,卡莉积极推行整合工作,当工作接近尾声的时候,她开始带领员工展望未来,回顾近段时间以来取得的成就。与此同时，卡莉也分析总结了惠普近段时间以来所推行整合的几个阶段。

第一个阶段是大展宏图。因为当时的惠普已经拥有了雄厚的势力，能够在变化多端的行业中始终处于领先地位。当发现实力撑不起野心的时候，惠普才开始变换局面，决定与康柏一起整合。

第二个阶段是强强联手。两个实力雄厚的公司合并一起，势必能发挥出巨大的潜能。而卡莉要做的正是将所有的潜能最大化，把所有能利用的资源充分挖掘出来，整合成新的大公司。

第三个阶段是做大做强。随着整合的不断推进，惠普到了2003年下半年已成功进入了第三阶段。2004年，全年都在第三阶段努力，并深度剖析整合过程中所遇到的瓶颈，进而及时寻找能解决瓶颈的措施。

实际上，第三个阶段的推行充满了困难。卡莉认为，如果想把这个阶段的目标变成现实，就必须制定详细的运营计划。其实早在第二个阶段的时候，卡莉就曾使用过注重利润增长，实现标准成本结构，提高绩效能力和营销能力的方案。卡莉认为，目前的形势严峻，他们面临的考验也是多种多样的。而经过实践检验，第二个阶段的管理方案和措施没有问题，所以在推行第三阶段的时候，至少能降低推行过程中所遇到的危险性。

当然，如果想让公司朝着健康稳定的目标前进，一定的制度和行动目标也是必不可少的。此时，"领导框架"就成了惠普凝聚分散在150多个国家里的150000名员工的标准。通过长期的培训和沟通，让更多的员工了解到公司的发展战略，也让他们渐渐明白公司今后的走向。

在长达两年的奋斗中，惠普的表现远远超出了市场预期，公司运营总收入比市场预期高出20亿美元，而2004年公司总收入又比2003年高出70亿美元。在这段时间里，惠普员工取得了骄人的成绩，平均每天有11项发明专利产生，成为历史上创新速度最快的一个公司。到了2005年，惠普不负众望，获得了2005年全球最具创新能力公司第三名的荣誉。

卡莉在惠普工作了五年半。也就是在这段时间里，她历经了各种辛酸苦辣，也深刻体会到每一份成功的来之不易。不过皇天不负有心人，在她的坚持之下，惠普还是完成了转型。到了2004年年底，一个持续又成功的公司转型就这样实现了。虽然在别人眼中惠普还是出现了不少问题，但卡莉认为这样的公司其实已经足够完善了。

卡莉把惠普看成了她生活的一部分，甚至融入进了她的生命。她每天的工作时间将近14个小时，而睡觉的时间几乎很少。在她的脑子里，一直装着惠普的未来和发展大计。不过当看到2004年取得的成就之后，卡莉所有的委屈和疲惫也渐渐散去。她体会到了一个团队所带来的阳光与活力，也深刻体会到一个团队经过不懈的努力，最终完成目标的幸福感。

虽然公司面临的困难仍旧不少，外界的评论也众说纷纭。不过卡莉坚信，在150000员工的努力之下，在明确的目标推动之下，再大的困难总有克服的一天。

实际上，最让卡莉不满意的地方是股市和媒体的表现。当公司第三季度没能如约达到市场预期之后，各种反对合并的意见便铺天盖地地压过来。还有不少报刊媒体，用尽了歹毒的语言来反对合并。更也有不少反对者直接提出公司分家的意见，让身处水深火热的卡莉无路可走。不过即便艰难，卡莉也从未想过放弃。她没有理会那些不良的报道，反而以默默无闻的态度承受着来自各方的压力。她坚定地相信，到了2005年，所有的一切都将改变。

分歧：生活并不总是公平的

彼得·布莱克默是一位非常优秀的销售主管，卡莉也很欣赏他。不过并非世上所有优秀的人都能独掌大局，彼得·布莱克默的工作能力就让卡莉很是怀疑。很早的时候，卡莉就发现他的工作出了问题，但由于汤姆·伯金斯和露西·萨尔汉尼极力护着他，所以卡莉并没有作出辞退彼得的决定，又让他在惠普工作了一年。

但一年后，彼得·布莱克默的工作绩效仍旧没有起色，致使惠普2004年的又一个季度的市场占有率出现滑坡，再次低于市场预期。此时，卡莉才意识到，她犯了一个很大的错误。她认为这一次再也不能向董事会妥协了，如果再让彼得·布莱克默留在惠普继续工作，整个惠普就会陷入万劫不复的境地。现在只有一个选择，让彼得·布莱克默离开惠普。

实际上，卡莉想到让彼得·布莱克默走人的同时，也考虑到了下一个接替人员的选择。她想让迈克·温克勒接任客户解决方案部门的工作。卡莉认为，迈克·温克勒曾在执行运营和销售队伍转型中作出了巨大的贡献，他有能力胜任客户解决方案部门负责人的工作，而且成效也会更好。

后来卡莉再也不能容忍这件事发展下去，她找来董事会开了一次会议，就是针对辞退彼得·布莱克默的会议。虽然在这个节骨眼上让彼得离职有点不适合，但站在大局的角度考虑，卡莉不得不作出果断的决定。

2004年8月和9月间,当得知公司的季度业绩之后,卡莉马上和鲍勃·韦曼前去拜访了公司所有的大股东。面对不尽如人意的股市,这些大股东们并没有表现出不信任,每个人都表现出支持到底的决心。尽管惠普在股市上的表现很难让人满意,但有大家的支持和信任,卡莉的信心还是提升不少。

卡莉拜访完公司所有的大股东后,立马回到了办公室。经过一段时间的思考,卡莉认为此刻的惠普需要有一个跳跃的阶梯,而这个阶梯正是9月份的董事会。在卡莉看来,9月份的董事会应该把注意力放在审议公司的战略和运营计划上,因为目前惠普的董事会急需要发挥治理公司的作用,而审议阶段恰恰能达到这样的目的。

除此之外,卡莉也在积极倡导增加股票回购的方案。因为在面对公司管理松懈和信心匮乏的问题上,能够做到这一点可以极大地改善公司现状。

分析公司目前的战略情况也是卡莉要考虑的方案之一。她认为分析方案要有对比性,应该把目前的战略与其他战略放在一起比较,进而找出彼此之间的优劣状况。为了能实现这一计划,卡莉找来了麦肯锡做顾问。与此同时,她还邀请来了惠普之外的银行家和顾问,一起为这件事出谋划策。

当所有人都到齐之后,卡莉向他们阐述了2005年的运营计划。虽然他们制定的目标涵盖面很广,看到的问题也很全面,但仔细研究下来,不过是紧紧围绕利润增长的问题展开的一系列大讨论。卡莉不仅自己发言,也带动会场的所有人一起讨论。她认为一个人的力量毕竟是有限的,只有众人一起思考,运用发散思维,才能发挥出巨大的力量。

他们从下午四点钟开始讨论，一直议论到傍晚时分，大家一起吃了晚餐。尽管时间很短暂，但是大家相互探讨的劲头很足。即便在吃晚饭的时候，仍有不少人向卡莉提出了很多有建设性的意见。大家一起边吃边聊，直到很晚才逐渐离开。

到了第二天上午，惠普的董事会成员以及外请的顾问和公司管理层成员再次进行了会议大讨论，这次会议依旧围绕股票回购方案展开讨论，并在长时间的争论中，大家一致同意大规模的股票回购计划，也为此发表了一篇支持管理层和公司战略的声明。

为了发展惠普的科技，在迪克·哈克伯恩的提议下，汤姆·伯金斯和杰·凯沃斯一起加入到了迪克创办的科技委员会中。虽然三个人的年纪都很大了，但是他们对科技依然充满了欲望。况且三人都是科技专家，在技术层面上能做到精益求精，也能掌握住大局。因此，卡莉把这项重担交给他们三人很放心。

作为惠普的首席执行官，卡莉要负责的还是公司的绩效。所以，她和迪克·哈克伯恩、汤姆·伯金斯、杰·凯沃斯的意见总会有出入。但卡莉不得不承认，单纯就科技研发而言，他们三个人的高瞻远瞩远比她出色。不过除此之外，若论及其他的领域，三个人就显得很薄弱了。

2004年，杰·凯沃斯遇到了一件麻烦的事情。他的妻子与癌症斗争了很长时间，最后离开了人世。杰·凯沃斯一生的精神支柱全在妻子身上，如今妻子走了，他就像丢了魂似的，不知道应该做什么。就在这时，卡莉接到了杰·凯沃斯的儿子打过来的电话，他恳求卡莉能给杰·凯沃斯找一份合适的差事，让他在晚年的日子里能分散注意力，以免他患上抑郁症。

在恻隐之心的驱使下，卡莉还是决定帮助杰·凯沃斯。她回到加州后很快就联系上了负责筹备惠普开展娱乐业务的团队，她告诉负责人，杰·凯沃斯可能会经常来参加他们的会议，因为他的点子比较多，可以在开会的时候让他多提一些建议。

然而，当卡莉真正深入了解之后才发现，她留下杰·凯沃斯是多么严重的错误。很多时候，杰·凯沃斯常常提出许多不切实际的意见。在卡莉一而再、再而三的拒绝之下，杰·凯沃斯对她烦透了。

从此，杰·凯沃斯像换了一个人。卡莉刚认识他时，杰·凯沃斯就对帕特里西娅·邓恩有很大的意见，说她没有能力，还劝卡莉换掉帕特里西娅。

后来，杰·凯沃斯又对露西·萨尔汉尼产生了很大的意见。说她喜欢感情用事，经常把持不住自己，从而会使工作的变数层出不穷。他还告诉卡莉，如今的董事会成员都是低能儿，如果一直僵持下去，对惠普有害无益。他希望卡莉能够尽快增选新的董事会成员，并且尽可能换掉无用的成员。

实际上，卡莉对新增董事会成员早就有了打算。尤其当《萨班斯-奥克斯利》法出台之后，这个想法更是越酿越成熟。卡莉认识到法令的出台很大程度地告诉所有公司，公司董事独立性的定义已经发生了彻底的变化。

选择新的董事会成员并不是一件容易的事情，因为卡莉要找一位与惠普没有发生过冲突也不曾有过多联系的公司高管，除此之外，这个人也必须具有团队意识，能够花足够的时间在董事会身上。

在2004年1月份之前，萨姆·金尼曾担任董事会提名管理委员会主席，他主要负责与猎头公司联系的工作。不过，萨姆·金尼在这件事情上很少与董事会沟通交流，往往我行我素，独来独往。时间一长，卡莉对他的行为很担心，她怕萨姆·金尼不能作出正确的判断，从而选择一位不利于公司长期发展的人。

直到2004年1月之后，随着萨姆·金尼的退休，卡莉开始接任他的工作。在选择新的董事会成员方面，卡莉的要求明显要高很多。她从不会独裁独断，若遇到合适的人必然先与董事会成员协商。她认为大家的意见很重要，而且她也要对公司对所有人负责。

每当搜集了不少候选人的信息之后，卡莉便召开董事会议，与大家进行一番讨论，从中选取合适的候选人，进而剔除掉那些不合格的。

2004年7月，卡莉成功聘请了鲍勃·瑞安加入惠普的董事会。到了11月份，年度董事会就此拉开帷幕，这次董事会的主要目的是讨论来年的公司运营计划。按照每次召开董事会的惯例，当董事会的扩大会议结束之后，紧接着要召开执行会议。

在执行会议召开之前，卡莉从鲍勃·诺因那里听到一个消息。原来在一个问卷调查中曾提到，各个首席执行官之间有多个渠道能进行沟通交流，这样的一种交流的方式引起了不少混乱局面的产生。为了改进措施，董事会让鲍勃·诺因将执行会议的内容通通告诉首席执行官。在与鲍勃·诺因的交谈中，卡莉得知了他的一个困惑。原来，董事会的很多人都希望请汤姆·伯金斯回到公司。因为他曾是公司的科技人员，年纪也不大，失去了他公司将没了可靠的科研人员。

卡莉起先并不同意，她认为当初汤姆·伯金斯走的时候就没有打算回来。况且，他的年龄已经达到了退休年龄上限，请他回来会破坏公司的制度。但杰·凯沃斯并不这么认为，汤姆·伯金斯与他有相似的遭遇，他一直主张汤姆回来，还经常在汤姆跟前抱怨卡莉一直拒绝他意见的事情。

2004年的秋天，公司中流传着卡莉很多的传说。大家都传言，卡莉将离开惠普，而且正积极为从政作准备。实际上，当时有不少人曾三番五次地找过卡莉，要给她几个不错的岗位，希望她可以考虑。然而，卡莉从未想过离开惠普，她觉得此时的惠普很需要她。

后来，卡莉准备在12月份全体员工大会上辟谣，她觉得这样的谣言一直流传开，将会给她和惠普带来很大的损害。与此同时，她还告诉全体员工，惠普一直致力于信息科技的研究之中，她希望惠普未来能成为科技界的领袖。

2005年，注定是有变化的一年。相比较2004年经济的下滑，这一年明显出现了回暖的迹象。

2005年1月份，卡莉要去外地开讨论会。在她临走之前，迪克·哈克伯恩、杰·凯沃斯、西雅·邓恩一起找到了她。他们三个一起出现本身就有点让人匪夷所思，更令卡莉没想到的是，他们递给了她一个公司重组的计划。卡莉很不理解，目前的公司为何需要重组。但他们却坚持认为，重组能够很好地体现出公司的灵活性。而且如今在媒体和市场压力的层层逼迫下，也只有进行公司重组才能够转移人们的视线。

不过，卡莉觉得这个提议需要慎重考虑，绝不能草率地作决定，所以当时她没有立刻答应三个人的意见，因此，他们一下子不高兴了起来。为了缓和氛围，卡莉很明确地告诉他们，就目前来看公司还不需要重组，他们提出的点子明显有点莫名其妙。如果现在立马执行的话，时机还不够成熟，无法完成应有的计划。在这个问题上，四个人僵持了一个多小时。最后，卡莉迫于无奈地告诉他们要调整一下董事会的日程。第一天，卡莉陪他们继续讨论，关于他们提出的公司重组和加强沟通的意见，希望能达成共识。但到了第二天，卡莉必须马上与公司管理层见面，让他们及时安排好自己的工作流程，以便随时应对突发状况。

在董事会全体会议上，卡莉很郑重地告诉在座的所有人。她问大家，如果把10-K报表以及整个公司的治理程序去掉将会怎样。没想到汤姆·伯金斯成了最活跃的发言人。他先提出惠普在几个月前没有收购一家大型的软件公司是错误的，当卡莉以事实反驳他之后，紧接着他又提出公司的改组问题。

在这个问题上，卡莉与汤姆发生了激烈的争执。杰·凯沃斯也不忘在一旁给汤姆加油鼓劲，很显然，杰·凯沃斯与汤姆之间已经作好了对付卡莉的准备，实际上他们两个和帕特里西娅·邓恩的想法一致。卡莉心知肚明，三个人在私下肯定进行过深层次的沟通，所以，今天的矛头才会一致对准她。

董事会会议开得很紧张，大家都在为是否进行改组和人事调整出谋划策。在变革的问题上，卡莉一直都走在最前列。当初惠普面临重大的决策时，是她义无反顾地站出来，带领大家一步步走到今天，所以，她对变革并不反对，甚至也不反对采纳他们的意见。卡莉认为公司重组总会带来巨大的破坏力，如果带来的好处不能大于破坏力，她就不希望大家贸然尝试，因为如果造成损失，将会对惠普今后的发展产生很坏的影响，甚至有可能一蹶不振。

董事会会议一共持续了三天，在这段时间里，卡莉仿佛瘦了一圈。她一直在反对者的引导下讨论某些错误的议题，但她又不得不站出来调整大家的心态，因为她不希望看到惠普在美好的前景下即将没入黑暗。好在会议结束后，董事会宣布了对运销计划能带来的成果表示满意。后来，卡莉在给高管们写的邮件中也传达了董事会的评语。

然而，不幸的事情就在一个星期后发生了，卡莉在星期五的早上接到一个电话，电话来自于《华尔街日报》。卡莉从他们口中了解到，下周一他们将刊发惠普董事会会议的详尽报道，而且他们还告诉卡莉，曾对惠普两三名董事作过专访。

得知这个消息后，卡莉快被气炸了。虽然她不知道谁走露了风声，但却很清楚走露风声的人一定把自己的目标凌驾于公司目标之上了，他的愚蠢和自负已经无可救药。

不久之后，卡莉要去瑞士参加达沃斯世界经济论坛。这个论坛规格很高，而且聚集了全世界经济界和政界的精英。每当卡莉遇到能与客户深度交谈的绝佳场所时，她常常会牢牢抓住时机，绝不放过任何一个能促成生意的机会。然而，《华尔街日报》还是在论坛刚开幕时的当天刊登了惠普董事会会议的详细记录，他们企图让卡莉一蹶不振，也似乎想击垮惠普，让董事会内部四分五裂。

卡莉意识到，她不得不向世界解释董事会的观点，因为这件事太重大了，后果也很严重。正是因为出了这样的事情，惠普董事会内部的裂痕才慢慢公开化。卡莉马上给董事会的成员发了邮件，告诉他们当天的会议有人泄密。在周六的上午，卡莉还安排了一场董事会电话会议，并就这件事和大家展开了一次大讨论。拉里·巴比奥认为，惠普的董事会出了问题，必须把所有董事马上辞掉，并由卡莉决定谁将成为3月份的候选人。卡莉没有同意这个建议，她希望董事会的提名管理委员会能牵头，在外请顾问的协助下作一个全面的调查。卡莉之所以选择提名委员会介入这件事，主要是认为事情的问题出在董事会内部，由提名委员会调查会更具有公平性。

10分钟以后，鲍勃·诺因就积极组织了一场由提名管理委员会成员组成的电话会议。在与董事会的协商之下，他们同意由拉里·桑希尼和每位董事进行一对一谈话。卡莉认为这是一个好点子，因为这样做不仅可以找出问题的根源、还能寻找到解决问题的方法。不过她从未想到有人会因为这件事辞职，也从未考虑过惠普董事们是否有这样的打算。她只想给那些自以为是的董事们一个大大的教训，也想让他们知道公司的机密和制度是神圣不可侵犯的。

出击：希拉里遭遇最强对手

2005年2月6日周日，在十天前的董事电话会议上，拉里·桑希尼曾向卡莉透露了有关泄密者的信息。他告诉大家，泄密的很可能是两三个董事。虽然不知道这两三个人到底是谁，但董事们的每个人心中都有各自的揣测。事后，汤姆·伯金斯足够诚实地告诉大家，他曾将信息泄露给了媒体。卡莉还从媒体那里了解到，除了汤姆之外还有一两个共犯。只不过其他泄密的董事没有承认，卡莉也没有调查出结果。所以很多天以来，她一直在为这件事惴惴不安。

一段时间之后，卡莉发现董事会的成员发生了巨大的变化。当初问起媒体泄密的事情时，杰·凯沃斯从没有承认。而在董事会电话会议上，他仍旧不说话，非常沉默。汤姆·伯金斯则表现得很积极，他向所有董事表示很想重回董事会。令卡莉很意外的是，拉里·桑希尼也发生了很大的变化。他与汤姆·伯金斯、杰·凯沃斯、帕特里西娅·邓恩走得很近，也不知道谈论什么。他们似乎想将卡莉孤立出来，仿佛有很多事情都不与她说。

五年的时间里，卡莉为了整个惠普呕心沥血。她吃的苦、她付出的努力不比任何一个人少。尽管她的意见不能得到所有人的同意，但至少也应该赢得大家的尊重。她不希望别人在背后指指点点，也不希望别人将她孤立出来，进而谈论的大多是有关她的是是非非的事情。

那天的周末她过得异常郁闷，不过她始终认为自己是对的。虽然十天前她完成了一个首席执行官要应付的种种约会和决断，也提出了让董事会无法左右的意见。但卡莉依然坚持觉得，如果董事会想辞掉她，她绝不会求情，也不会在他们面前摇尾乞怜。因为刚来惠普时她就没想过董事会能聘用她，而今她仍旧怀着一颗坦荡的心。

第二天一早，卡莉来到了会议室。整个会议室很压抑，严肃的氛围让她有点喘不过气。若是平时，杰·凯沃斯肯定与帕特里西娅·邓恩横眉冷对，相互之间大大争吵。但今天，他们却想谈甚欢，一直交头接耳嘀咕个没完。会议开始是由帕特里西娅·邓恩宣布的，这让卡莉无比惊讶。因为帕特里西娅不是任何委员会的主席，她压根就没有资格宣布会议开始。帕特里西娅先让大家举手表决山迪·里维克辞职的决定，紧接着又让大家对汤姆·伯金斯选入董事会的决议进行投票。听到这样的会议内容，卡莉当时就慌乱了。她一点也不清楚大家为何会这样冷漠，也不知道他们心里到底在想些什么。在这种情况下，她最终选择了弃权。最令卡莉意外的是，在这件事情上只有两位董事投了反对票。如此看来，各位董事们似乎在私下作好了沟通，而卡莉这位名副其实的首席执行官则早已被他们排挤出局。卡莉突然意识到，他们仿佛想她解雇，并有让帕特里西娅·邓恩接任她的打算。

要知道，自从卡莉在董事会任职以来只有两次投票董事会没有一致通过。第一次是汤姆·伯金斯选入董事会的投票，第二次就是把卡莉赶出惠普董事会的投票。

卡莉开始意识到尽管她还是名义上的董事会主席，但是目前从没有人正眼看她。帕特里西娅·邓恩像是审问犯人一样问她："卡莉，你对这件事有什么要说的吗？"

听到她的询问，卡莉突然瞪大了眼睛。她从未想到，一个平等的对话竟成了上下级之间的交流，况且，目前她的身份远远比帕特里西娅要高。卡莉思考了很久，决定拿出前天晚上打印好的稿子。她把所有文件都发给了在座的每一个董事，并告诉所有人她目前不得不作一个正式的陈述。在读那份陈述的时候，卡莉多希望有人打断她的话。哪怕出来说一两句意见也好，总比她一个人承担要好受得多。

陈述的原文具体如下：

我很高兴能为惠普的董事会效力。我履行我自己的职责，为的是打造一个伟大的公司。我坚信这个董事会想让惠普在 21 世纪重新焕发上个世纪 50 年代、60 年代、70 年代和 80 年代的光芒。当董事会决定开展规模浩大、困难重重而又颇有风险的惠普重组方案（分解成为惠普和安捷伦两家公司）时，就朝着这个宏伟的目标迈进了一大步。当董事会决定开展规模浩大、困难重重而又颇有风险的康柏合并行动时，就朝着这个宏伟的目标又迈进了一大步。在这一过程中，科技界发生了巨大的变革，无论是变化的速度还是规模，都是史无前例的，而且这一变化趋势将会继续延续下去。

面对艰巨的使命，公司需要所有董事会成员深谋远虑。董事会有责任对管理层的思维方式、战略构想以及行动计划提出更高的要求。我们在董事会交流时必须知无不言、言无不尽，充分听取每个人的意见，也要充分讨论每个人提出的建议。我对这个董事会很有感情，我也觉得应该对董事会保持绝对坦诚。如果在这样的交流过程中我相对保守或是不开明，那么我就是失败的。在进行了有益的争论之后，就要作出决定。一旦作出了某个决定，就必须花时间执行，在这段时间里我们的公司之船必须沿着既定的方向前行。

我一直在惠普的董事会任职，因为我看重这家公司、公司的员工以及公司给整个行业和世界带来贡献的潜力。我认为公司想要做大做强的目标是崇高的。我很感谢董事会在公司与康柏合并后给了我丰厚的留任金，但是我主动放弃了合同所提供的奖金和留任金，这样董事会就能在全体股东投票时处于有利地位，而且所有的惠普高管都能够平稳过渡。我们还制定了公司的最低目标和最高目标。在惠普工作的这几年里，有很多人找我，想让我跳槽，其中很多工作也是非常有意义而且非常吸引人的。不过，我的首要职责是为这家公司服务，除非董事会觉得我继续留任不符合公司的利益，我才会离开；或是董事会认为是我该走的时候了，我才会离去。

关于公司的战略

董事会在经过充分的考虑之后，制定并确认了一系列根本战略：在和戴尔及IBM竞争的同时，必须要有自己的差异化优势；必须在图像、电脑、软件和服务方面具有独特的优势；必须在个人客户、公司客户和公用事业客户所在的市场全面出击。如果董事会觉得有必要，对我们所有作出的决定都可以而且应该重新审议。我个人认为我们的战略是正确的，我们更应该关注的问题是执行。我也觉得我们在目前的战略中需要着重加以解决的是公司软件业务的问题。和其他的产品以及服务相比，我们的执行力还有所欠缺，可是我们依然具备实现公司使命的能力。在软件业务方面，我们可以选择收购别的公司，但是这会给公司的财务带来压力。在近期采取这一战略近乎不太可能；或者我们可以采取大规模的软件廉价化战略来占领市场，但这也有难度。

关于公司的执行力

公司的执行力是董事会和管理层最需要关注的问题。我认为在提高公司的执行力和增强其延续性上，每一位董事的态度都是一样的。大家只是在具体的解决方案上存在分歧，也许我们心里都有不同的想法和运营方式。现在请允许我把自己的想法阐述清楚：

1. 在工作中，我发现董事会很明显想从外部聘请能人来接替我首席执行官的职位。在2004年3月、5月和7月份的董事会上，董事们都表示这是当务之急。公司很多职位的人选不理想，因此我们花了很多精力从很多行业中招贤纳士。我觉得要想吸收其中的一位或几位候选人进公司，我们就必须为他们创造合适的岗位。换言之，我们的一些公司重整方案就需要由这些新人来推动。

2. 在一些情况下，收购也能推动我们的结构重整。例如，我们要想收购大型的软件企业，就不得不将软件业务另立门户，由它的负责人直接向首席执行官汇报工作，这位负责人还要推荐自己的接班人。

3. 我们对于公司运作方式的看法和从前已经大不相同了。现在惠普已经不是一个总部集权的企业了，公司越来越强调横向的分工协作，越来越重视在相关业务部门进行统一的物流安排。这一趋势并非是惠普一家公司所面临的，实际上所有结构复杂的大公司都在朝着这一方向发展。这样横向发展的趋势能使我们降低成本和开支，还能培养新的能力。我们当前的运营模式说明，公司流程方面的变化会带来行为方式上的真正变化。换言之，流程上的变化和结构上的变化可以一样有意义。所以我们引入了公司战略回顾改进计划，这样的计划马上就能实施，对公司的行动速度、产品种类以及投资决策都能带来真正的影响。

4. 我们完全同意将个人系统部和图像及打印部进行合并，这是当前的明智之举。公司的重组往往带有破坏性，因此准确地把握时机是我们权衡利弊的关键所在。现在是将个人系统部和图像及打印部进行合并的时机了。我认为技术系统部和客户方案部没有准备好，不过将这两个部门进行合并的时机很快就会到来，也许就是下个财政年度的事。我们达成了共识，将这4个部门合并成为两个需要出色的领导的新组织。董事会的成员看来对合并的时机和领导人的选择有分歧。有些时候，我们对于一些个人能力也有不同的判断。

5. 即便是在最有利的环境下，每天处理公司的各种事务都已经很艰难，所以我认为公司目标的延续性和稳定性是很重要的，除非我们已经作好了变革的充分准备，而那些有关变革的谣言对公司是有害的。

我列出这些关于公司执行力的想法只是想阐明自己的观点，而不是想给我们的对话画上一个句号。有时候大家看起来在解决问题的方案上存在分歧，其实这不过是由于每个人看问题的视角不同造成的。

我觉得管理团队为了2005财政年度讨论提出的战略回顾改进计划和运营重点方案非常重要。现在整个公司在利润增长、实现标准成本结构、提高绩效能力和提高营销能力方面都有了具体的计划。我们会经常回顾这些项目，并定期向董事会汇报项目的进展。这项工作能帮助提高公司的盈利能力，改善公司的现金流，并在多方面有利于公司规模的扩大，其作用不可低估。

关于首席执行官的工作表现

谈到这里，我觉得要对首席执行官的表现进行评价。我知道董事们已经掌握了大量的信息，我想如果能提供一些工作状况，尤其是最近遇到的一些负面压力，将能够帮助各位董事更好地理解首席执行官的工作。

大家都很清楚，衡量一位公司高管的工作表现，要看他的平衡记分卡，综合考虑财务绩效、运营的改善、以客户为中心的各项评价指标、与雇员相关的一些评分项。在这些方面的最低和最高目标都代表了他能给公司带来的真正改善，但实现这些目标都是有难度的。

我附上了一些关于公司财务和运营业绩方面的数据，对于这些业绩媒体没有准确地进行报道，或是没有充分地进行报道。在员工方面，公司员工民意调查的参与率从2003年的67%上升到了2004年的77%。从2003年以来，我们在公司重点关注的领域取得了长足的进展，对此我也附上了一些数据。我们确定了全公司重点关注的4个领域（我也附上了相关材料），并且制订了行动计划以期望在这些领域取得成就。我们展开了面向全体员工意见的"脉动调查"来评价我们所取得的成绩，80%的员工表示他们看到了公司正在付诸行动。

在客户方面，我附上了最新客户综合体验的评价结果。我们确实取得了进步，但是还有很多工作要做。

我们也设定了综合股东回报方案，我们的股票表现在2004年、2005年和2006年不能比标准普尔公布的行业表现逊色，这样才能有良好的现金流。尽管20年来，IBM和惠普的表现都没有标准普尔和道琼斯工业平均指数的其他个股那么出色，但是我们还是制定了这样的方案。在这20年中，IBM股票的表现不尽如人意；惠普的股票有时候能达到平均水平，有时候会落在别的股票后面。如果各位董事感兴趣，我也附上了惠普和IBM、戴尔、Sun（世界知名的互联网技术服务公司）、

EMC（一家在线折光仪专业制造公司）、利盟、美国电子数据系统、英特尔、微软、甲骨文、思科、摩托罗拉、安捷伦、伊士曼柯达和捷威公司多年来的股票表现分析比较图。

关于董事会交流

我非常急迫地想和大家一起讨论如何加强董事之间的交流，无论有何种措施能够达到这样的目标，我都愿意去努力。除了定期召开全体董事会和分委员会会议之外，我们还采取了如下措施：
* 建成董事会网站。
* 董事会网站可以直接链接进入惠普的主页。
……
* 定期向董事询问所关心的问题。
* 公司所有重要的组织结构调整事先和董事进行商议。
* 董事会成员经常对高管的能力进行评价。
* 董事们同意每月进行一次电话会议。

董事们还认为董事会吸纳新成员是至关重要的，不过对每个人而言这都是漫长而又艰难的过程。我附上了我们面谈过的候选人情况，希望能和其他董事一起讨论，争取得到更好的效果。（本文节选自《勇敢抉择—卡莉·奥菲莉娜传》）

当卡莉读完整篇文章的时候，会议室竟然鸦雀无声。大家没有一人打断她，更没有人提问。一切就像早有预谋，可又看不出到底哪里出了问题。帕特里西娅·邓恩让卡莉先出去，她表示要和董事会成员说一件事情。就这样，卡莉乘飞机飞行了超过2000英里之后，却在不到29分钟的时间里被驱逐出会议室。她的心仿佛被刀子划破了一样疼，伤口在汩汩地流着鲜血。

在会议室之外，卡莉隐隐约约有种不祥的预感。她感觉董事会要解雇她，只是不知道以什么方式作出决定。曾经，约翰·杨和路·普莱特离任的时候，惠普给他们了最好的待遇，也对他们为公司作出的贡献表示深深的感谢。他们虽然离职了，但走得悠然，走得无所牵挂。

而今的卡莉，却从未感受到董事会的关切。他们已经将她排斥在外，所有的沟通交流都成了泡影。

三个小时后，卡莉接到电话让她去会议室。当坐上载往24楼的电梯时，卡莉脑海里闪过24位董事的笑容。虽然她不知道接下来将面临什么样的结果，但若有一个华丽的落幕，她心里也知足了。

然而当走进会议室时，所有的董事竟已经走光了。卡莉从未有过的绝望从心底翻涌，她未曾想到，在惠普工作了这么多年，尝尽了苦辣酸甜，到头来竟是这样被解雇的。没有鲜花和掌声，也没有大家的欢送，更没有听到每一个董事一言一语中流露出的感谢。

鲍勃·诺因很忧伤地告诉她："对不起，卡莉，董事会要对高层作人员调整，我也无能为力。"卡莉知道，鲍勃·诺因也不希望她走，只是在所有董事面前，他一个人的力量毕竟是渺小的。而今的帕特里西娅·邓恩顺利地当上公司的董事会主席，她还告诉卡莉，这个决定应该尽早宣布，如此一来对惠普才是最有利的。

回到饭店之后，卡莉失魂落魄地坐在沙发上，她的手一直在颤抖，眼神中没有一丝光彩。当弗兰克得知事情的原委之后，竟忍不住地哭出声来。他在为自己最爱的妻子伤心，也在为董事会的无情无义而生气。

没过多久，帕特里西娅·邓恩找到了卡莉，她希望卡莉能帮忙处理这一条不亚于地震的消息。在帕特里西娅的认知世界里，如果卡莉能说是自己急流勇退，而不是被解雇，那是再好不过的。但卡莉却从未答应她的意见，她觉得应该如实向公众反应，她是被解雇的，而不是自愿退出的。

这一消息刚宣布，全世界引起了轩然大波。卡莉的照片和新闻像雪花一样铺天盖地地洒下来，媒体对她的炒作已经到了极限，超越了近几年所有公司的丑闻和其他首席执行官离职的消息。

可是，在卡莉心中惠普仍旧是最神圣的地方。离开惠普的那段日子里，她无时无刻不想念着曾经和团队成员奋斗的时光，无时无刻不牵念着曾经呕心沥血的工作平台。为了给惠普一个美好的未来，卡莉近乎花光了所有的精力和时间。她没想到自己会彻底沦陷在惠普的世界里，一发不可收拾地爱上了它。但事到如今，她再也回不去了，竟连和团队成员一一话别的机会都成了奢侈。

卡莉离职以后，她接到了很多首席执行官、几位前任和现任的美国总统、几位前任和现任的英国首相、美国国务卿、联合国秘书长和其他世界各地知名人士打过来的电话。虽然离开了她最爱的惠普，但是卡莉的事业并没有就此止步。她感受到了世界各地商界和政界的精英对她的关心，她也拥有了更多再就业的机会。

当时有很多企业和公司向卡莉抛出了橄榄枝，他们想把卡莉拉拢到自己的公司，甚至承诺给她很丰厚的报酬。但是，她刚从惠普的旋涡中挤出来，所以她还不想再次沉迷到工作中。经过一段时间的思考，卡莉最后选择了安静，选择了在一个没有杂音的地方好好整理整理思绪。

在美国，整个 2005 是卡莉年。全国大大小小媒体都在对她的故事作浓墨重彩的报道，卡莉就像最耀眼的星辰，是漆黑夜空中最亮的一颗。她离职之后，惠普两个创始人家族来到了公司总部。他们似乎再没有恩怨，而卡莉的离开刚好使大家冰释前嫌。

在选择安静思考的这段时间里，卡莉也收到了不少人寄来的信。帕特里西娅·邓恩就曾给卡莉写信说，她很钦佩卡莉的领导才华，她认为卡莉就像一名英雄鼓舞着她。不过，对于媒体把她的形象曲解之事，帕特里西娅仍旧耿耿于怀。她没有让卡莉公布她们之间来往的信笺，她认为公布了反而会引起董事会与她之间的矛盾。

此外，汤姆·伯金斯也给卡莉写了一封信，信上说：

我很怀念有你在的日子，我也希望你能顺利地勾画下一个职业蓝图。如果你想竞选公职，那我将很乐意帮你筹集竞选费用。

也许在惠普所发生的一些事上，我们永远也不会同意对方的观点。但是，我想告诉你，我认为你在惠普与康柏合并和整合公司的过程中，让惠普向前迈出了巨大的一步。如果当初你不采取这些措施，惠普肯定没有今日的潜力。（本文节选自《勇敢抉择－卡莉·奥菲莉娜传》第三十章）

卡莉离职以后，她特别想收到杰·凯沃斯和迪克·哈克伯恩的来信和电话，但是等了很久，两个人就像消失了一般，再也没跟她联系过。卡莉认为，不管他们曾做了多少瞒着她的事情，也不管那些事情是对是错。如今已经离开了惠普，她的所有恨也好，怨也好，都显得那么微不足道了。

2005年是惠普辉煌的一年，在这一年中，全球的经济发生了翻天覆地的变化，而在整个信息领域，惠普一直紧勒成功的缰绳，跑在所有同行业的前列。彼时的戴尔、IBM和利盟都呈现出不同程度的下滑趋势，他们在制定的计划和目标面前未能如愿以偿地完成。因此，只能无能为力地叹息，只能看着惠普一步步迈向新的成功。

与此同时，卡莉自己的命运也在渐渐地改变着。如汤姆·伯金斯所说，2015年5月4日，卡莉在网络上发表声明，要开始准备漫长的总统竞选之路。

在2010年时，卡莉曾作为共和党候选人参选了加州联邦参议员，但在此之前，她从未有过任何从政的经历。美国有线电视新闻网在周一曾发过一篇报道，仅有2%的共和党人把卡莉视为总统大选的第一人选。她的排名明显低于12位候选人及可能的候选人。新罕布什尔有线新闻网也发布了消息说，卡莉在当地的支持率为2%。

尽管如此，卡莉仍旧可能成为2016年共和党阵营中唯一一位女性候选人。卡莉表示，共和党通过提名一位女性，可以有力地削弱希拉里参选的历史意义，而卡莉无疑肩负着这样的责任。而今，呼声最高的希拉里·克林顿遇到了最强的对手，卡莉无疑是最耀眼的女总统候选人，她在初期的候选人活动中表现优异，给活动人士留下了非常深刻的印象。而今后的竞选过程中，卡莉仍会锐不可当。

后记

当你翻开这本人物传记的时候，看到的也许只是一位女性企业家的成长史。从她小时的经历，再到长大以后一步步作出的勇敢抉择。在此期间，她有过血泪，也有过喜悦。但无可否认的是，卡莉·奥菲莉娜除了有超人的商业头脑之外，也拥有过人的领导才能。

她有时候像一位卓越的企业家，可以在公司遇到瓶颈之时，果断地作出最恰当的裁决。她有时是一位独裁者，如若大家拿不定主意，或者提出的意见对公司弊大于利，她必然果断否决。她有时很威猛，明知道脱衣舞俱乐部拒绝女性加入，她依然义无反顾地走进去，不让任何男人瞧不起。

小时候，卡莉担心父母有一天会死去，所以常常躺在床上祈祷，甚至假装生病，只为"愚蠢"地留下外出的父母。然而，直到母亲去世的那天，卡莉才克服掉她从前的怯弱。如果说曾经世上有一件事能威胁到卡莉，而自从那时母亲悄悄走了之后，便再也没有了。

她敢爱敢恨，结过一次婚，曾享受过初恋的甜蜜。而后，也找到了一生的情感寄托——弗兰克。

她能力超群，无论是最初在 AT&T 工作，还是到朗讯担任高管，抑或是到惠普担任首席执行官，她都一直保持着凌厉威猛的工作态度，也从不让任何一个可以推动公司发展的机会从身边流失掉。

她胆大心细，在惠普遇到最大的困难之时上任，她无怨无悔，又在惠普与康柏合并之后，即将走向未来的巅峰时被解雇，但她一直保持着对工作的热忱，对惠普的忠心。直到很多年之后，每当想起曾经在惠普的辉煌，她依然会欣慰地露出笑容。

2015 年 5 月 4 日，卡莉在网络上发表声明，自己将参与 2016 年美国总统的竞选。相比较大背景、大身份的希拉里·克林顿，卡莉似乎从未畏惧过。她告诉世人，她懂得发展经济，做过经济大变革。她改变了整个世界，也想通过自己的努力一步步改变美国。

她是一个执着又坚定的女人，我们相信在今后的竞选中，卡莉一定会大放异彩，有超出所有人想象的杰出表现。

图书在版编目(CIP)数据

卡莉·菲奥莉娜:想做总统的女人 / 刘松著.—北京:中国华侨出版社,2015.11

ISBN 978-7-5113-5789-2

Ⅰ.①卡… Ⅱ.①刘… Ⅲ.①菲奥莉娜,C.-传记 Ⅳ.①K837.125.38

中国版本图书馆 CIP 数据核字(2015)第281329号

卡莉·菲奥莉娜:想做总统的女人

著　　者	刘　松
责任编辑	文　喆
责任校对	高晓华
经　　销	新华书店
开　　本	670毫米×960毫米　1/16　印张/18　字数/217千字
印　　刷	北京建泰印刷有限公司
版　　次	2016年2月第1版　2016年2月第1次印刷
书　　号	ISBN 978-7-5113-5789-2
定　　价	32.00元

中国华侨出版社　北京市朝阳区静安里26号通成达大厦3层　邮编:100028
法律顾问:陈鹰律师事务所
编辑部:(010)64443056　64443979
发行部:(010)64443051　传真:(010)64439708
网址:www.oveaschin.com
E-mail:oveaschin@sina.com